Die ganze Härte der ISO 27001

Jacqueline Naumann

Die ganze Härte der ISO 27001

Ihr Kampf als Informationssicherheitsbeauftragter (ISB)

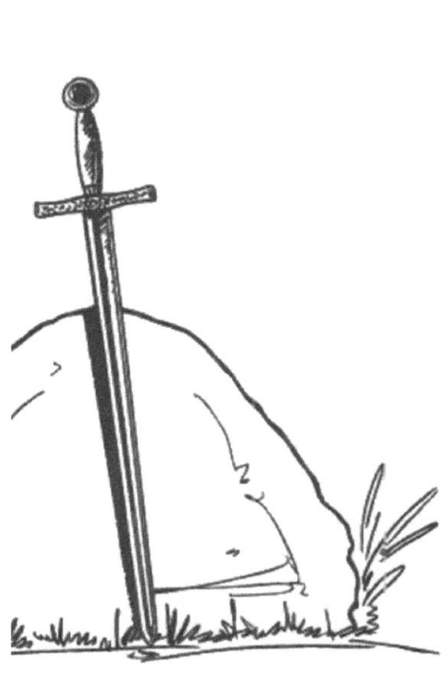

Bibliografische Information der Deutschen Bibliothek
Die Deutsche Bibliothek verzeichnet diese Publikation in der Deutschen Nationalbibliothek; detaillierte bibliografische Daten sind im Internet über https://portal.dnb.de abrufbar.

Herstellung und Verlag: BoD – Books on Demand, Norderstedt.

ISBN 978-3-7568-4550-7
2. Auflage, 2018 (neues Cover)
3. Auflage, 2022 (aufgrund ISO/IEC 27002:2022)

Autor: Jacqueline Naumann
Buchcover: Corina Liebmann
Illustration: Florentine Naumann

Kurzüberblick

Liebe Leserin, lieber Leser,

vielen Dank, dass Sie sich für dieses Buch entschieden haben.

Informationssicherheit ist immer ein brennendes Thema, das vor allem durch das IT-Sicherheitsgesetz 2.0 und die ISO/IEC 27001:2022 noch einmal für viele Organisationen an Fahrt aufgenommen hat.

Ich hoffe, ich kann Ihnen, liebe Informationssicherheitsbeauftragte und lieber Informationssicherheitsbeauftragter mit diesem Buch wertvolle Praxisbeispiele bieten, die Sie für Ihre Aufgaben nutzen können.

Herzlichst, Ihre Jacqueline Naumann
Trainerin, Beraterin, Auditorin

iXactly ist Ihr Dienstleister für Seminare, Beratung und Audits für Ihr ISMS.

Gostritzer Straße 63, 01217 Dresden
www.ixactly.com

Vielen Dank
an Florentine Naumann für die Illustrationen im Buch!

Inhalt

Ihr Kampf als ISB

1   Einleitung

Nach Ihrer Ernennung oder Berufung zum Informationssicherheitsbeauftragten mussten Sie sicherlich so einige Kämpfe austragen. Alle ISBs, mit denen ich bisher gesprochen habe, bestätigten mir dies.

Einige leiden in ihrer Rolle, andere hingegen sehen die Herausforderungen, die ein ISMS-Aufbau mit sich bringt als Chancen.

ISO/IEC 27001 Kap. 10.2 Fortlaufende Verbesserung

Auch wenn Sie glauben, Ihr ISMS vollständig aufgebaut zu haben, erlaubt Ihnen die ISO/IEC 27001 gar keine Fertigstellung. Die Norm-Anforderung dazu finden Sie im »Kapitel 10.2 Fortlaufende Verbesserung«. Das heißt, die Norm fordert uns auf, das ISMS in seiner Ausprägung fortlaufend weiter zu verbessern.

Mit diesem Buch will ich Ihnen deshalb wieder eine Reihe Praxisbeispiele vorstellen, anhand derer Sie möglicherweise neuen Input für Ihre Verbesserungen erhalten. Die größte Herausforderung besteht ab dem Jahr 2022 mit der Neuausgabe der ISO/IEC 27002 und deren vollständig überarbeiteten Struktur der Sicherheitsmaßnahmen. Das führt zu einem geänderten »Anhang A« in der ISO/IEC 27001.

1.1 Bekanntmachung mit unserem Buch-ISB

Leser des ersten Bandes kennen unseren Buch-ISB und seine Mitmenschen bereits. Für alle anderen, die mit diesem Band in die Reihe »*Die ganze Härte der ISO 27001*« einsteigen, werden die Personen des Buches in den folgenden Zeilen kurz erläutert.

Im Buch werden viele Praxisbeispiele aus tatsächlich stattgefundenen Episoden wiedergegeben. Um die Anonymität zu gewährleisten, nutze ich sogenannte »schwarze Schafe«, denen ich alle Kuriositäten unterschiebe.

Mein schwarzes Schaf für unsere fiktive Organisation T34M heißt im Buch T34M-L34D. Bei T34M handelt es sich um eine fiktive Organisation, die unter anderem Nachrichten produziert sowie zu den KRITIS (kritische Infrastrukturen) im Bereich Medien zählt, von denen das IT-Sicherheitsgesetz fordert, ein ISMS aufzubauen.

Bei dem ISB, der im Buch interviewt wird oder einfach Tatsachen erzählt, handelt es sich um T34M-L34D.

Die Organisation hatte bei ihrer Gründung Freude daran, die Buchstaben E durch 3 und A durch 4 zu ersetzen, so wie es einige angehende Hacker in der Sprache Leet tun.

T34M-L34D steht stellverstretend für hunderte Kunden, Kollegen, Mitarbeiter und Seminarteilnehmer, mit denen ich in den mittlerweile über zwanzig Jahren gesprochen oder denen ich einfach nur zuge-hört habe.

T34M-L34Ds Erzählungen sind Praxisbeispiele, die Ihnen, in Ihrer Rolle als ISB zeigen sollen, dass sich in allen Organisationen teilweise recht kuriose Begebenheiten bezüglich Informationssicherheit ereignen.

T34M-BO$$ ist die oberste Leitung von T34M. Er kommt relativ wenig zu Wort, da T34M-L34D als ISB alle Aufgaben und Themen auf seinem Tisch hat und bearbeiten muss.

T34M-ADMIN ist als Administrator bei T34M beschäftigt.

T34M-EXTERNER ist ein fiktiver Dienstleister, dem alle Zitate von echten Dienstleistern untergeschoben werden.

1.2 Anonymität

Die vielen Zitate von Kunden, Lieferanten, externen Dienstleistern, ehemaligen Kollegen und auch Seminarteilnehmern sind anonymisiert. Für den Fall, dass der einen Leserin oder dem anderen Leser ein Zitat bekannt vorkommt, möchte ich anmerken, dass viele Herausforderungen nicht nur bei einer Organisation anzutreffen sind und sich deshalb Zitate auch ähneln können. Kein Leser muss in Sorge geraten, wenn er meint, sich in einem Zitat wiedererkannt zu haben. Die gesammelten Zitate umfassen einen zeitlichen Rahmen von über zwanzig Jahren.

1.3 Die Schwert-Symbolik

Das Cover des ersten Bandes zeigte ein Schwert, das noch aus dem Stein gezogen werden musste. Sie als damals neuer ISB zogen Ihr Schwert aus dem Stein, wie einst König Artus sein Schwert Caliburn, um sich seiner neuen Aufgabe zu stellen.

Ihr eigenes Schwert steht nun kampfbereit auf einem steinigen Weg. Lesen Sie nun, wie es anderen ISBs auf ihren Wegen ergangen ist.

Viel Spaß beim Lesen und Lernen!

2 Kontext der Organisation

Wenn Ihre Organisation von neuen Kunden oder Partnern besucht wird, möchten diese sich meist rasch einen schnellen Überblick über Ihr Unternehmen verschaffen. Dieser Kurzüberblick wird in Normensprache »Kontext der Organisation« genannt.

Doch was ist der Kontext Ihrer Organisation?

ISO/IEC 27001 Kap. 4.1
Kontext der
Organisation

Den Kontext Ihrer Organisation könnten Sie beispielsweise mit den folgenden Fragen kurz umreißen:

- Wann war unsere Gründung?
- Welche Produkte und Dienstleistungen bieten wir an?
- Wo sind unsere Standorte?
- Wie viele Mitarbeiter arbeiten für uns?
- Welche Sprachen werden bei uns gesprochen?
- Wie ist unsere Organisation aufgebaut und strukturiert?
- Welche Technologien setzen wir ein?
- Welche Qualifikationen benötigen unsere Mitarbeiter?
- An welche Gesetze müssen wir uns halten?
- Mit welchen Behörden müssen wir Kontakt halten?
- Sind wir bereits nach einer ISO-Norm zertifiziert?

Wenn Sie es schaffen, auf jede der zuvor genannten Fragen mindestens eine Antwort zu finden, dann haben Sie den »Kontext Ihrer Organisation« bereits gedanklich definiert.

Im Normentext steht in den Kapiteln 4.1 und 4.2 an keiner Stelle, dass Sie diesen Kontext auch schriftlich oder elektronisch dokumentieren müssen. Jedoch finden Sie im »Kapitel 4.3 Anwendungsbereich« die Aufforderung, die Antworten auf die Fragen der Kapitel 4.1 und 4.2 zu dokumentieren.

Für die Zertifizierung ist es wichtig, dass die oberste Leitung den Kontext ihrer Organisation mündlich erläutern kann.

2.1 Praxisbeispiel: PowerPoint-Präsentation

Ein ISB berichtet von einer Hauptabweichung für »Kapitel 4.1 Kontext der Organisation«:

T34M-L34D: „Wir hatten in unserer ersten Zertifizierung drei unterschiedliche Zertifizierungsauditoren.

Der erste kam zum Voraudit[1] und prüfte die Dokumente und gab uns Hinweise, welche Dokumente noch verbessert werden müssen.

---

[1] In einem Voraudit oder Projektgespräch werden Gespräche geführt und Rundgänge am Standort durchgeführt, alles ohne Konsequenzen auf den Zertifizierungsprozess. Das Ziel ist es, die Organisation kennenzulernen, um ein ordentliches Angebot für die Zertifizierung abgeben zu können.

Der zweite Auditor kam zur Stufe 1[2], also Doku-Prüfung und prüfte ebenfalls die Dokumente. Er hatte kaum noch etwas hinzuzufügen.

Der dritte Auditor kam zur Stufe 2[3], hörte sich unseren ›Kontext der Organisation‹ an und gab uns direkt eine Hauptabweichung für Kapitel 4.1, weil wir ihm den ›Kontext der Organisation‹ nicht mittels PowerPoint-Präsentation zeigen konnten.

So unterschiedlich sind Auditoren!"

2.2   Ihre Aufgabe als ISB

ISO/IEC 27001 Kap. 4.1 Kontext der Organisation

Was ist eine Abweichung beziehungsweise Hauptabweichung?

Sie ist gekennzeichnet davon, dass mindestens ein ganzes Kapitel oder Unterkapitel überhaupt nicht umgesetzt wurde. Die Norm schreibt dazu im Kapitel 1 im letzten Satz, dass keiner der Abschnitte 4 bis 10 ausgeschlossen werden darf, wenn eine Organisation Konformität für sich beansprucht.

Sie können davon ausgehen, dass es gar nicht so einfach ist, eine Hauptabweichung zu erzielen, denn irgendetwas wurde immer durch den ISB oder die IT-Abteilung umgesetzt.

---

[2] Die Stufe 1 wird auch Dokumentenprüfung genannt. Abweichungen führen zur Verzögerung im Zertifizierungsprozess und müssen bis Stufe 2 abgestellt werden.
[3] Die Stufe 2 dient der Systemprüfung. Abweichungen können zur Aussetzung oder Nichterteilung des Zertifikats führen.

Reicht das Umgesetzte nicht, kommt es zur Nebenabweichung. Ist das Umgesetzte eigentlich zur Norm konform[4], also alle Anforderungen wurden erfüllt, aber die Umsetzung ist beispielsweise zu umständlich, dann erhalten Sie eine Verbesserungsempfehlung.

Für »Kapitel 4.1 Kontext der Organisation« darf es deshalb keine Hauptabweichung für fehlende Dokumentation geben, weil die ISO/IEC 27001 im aktuellen Wortlaut gar keine dokumentierte Information in diesem Kapitel fordert.

---

[4] Konform bedeutet, dass die Anforderungen der Gesetze, Normen und Kunden oder auch interne Anforderungen umgesetzt sind beziehungsweise eingehalten werden.

3 Anwendungsbereich

ISO/IEC 27001 Kap. 4.3
Festlegung des
Anwendungsbereichs

Die Dokumentation Ihres Anwendungsbereichs ist die erste Aufgabenstellung, die Sie schriftlich beziehungsweise elektronisch umsetzen müssen. Die Festlegung Ihres Anwendungsbereichs wird in »Kapitel 4.3 Anwendungsbereich« der ISO/IEC 27001 gefordert.

Was muss im Anwendungsbereich dokumentiert werden?

Sie sollten in einem kurzen Abschnitt die Organisationseinheiten oder Technologien benennen, für die das ISMS gelten soll. Auf Seite 18 haben Sie die Fragen zum Kontext Ihrer Organisation gelesen, nun dokumentieren Sie Ihre Antworten in einem Scope-Dokument.

Die folgenden Beispiele zeigen Ihnen typische interne Diskussionen zum Thema Anwendungsbereich.

3.1 Praxisbeispiel: Trügerischer Scope

Diskussion während eines Inhouse-Seminars:

> *T34M-L34D: „Ich finde, wir sollten mit einem kleinen Scope beginnen und den erst einmal zertifizieren lassen. Also ich denke, wir sollten nur die Produktentwicklung drin haben.“*
>
> *T34M-ADMIN: „Das sehe ich anders. Ohne die Zertifizierung unseres Bereichs und der*

Infrastruktur kann man nicht behaupten, dass dieses Unternehmen nach ISO 27001 arbeitet."

T34M-BO$$: „Ich dachte eigentlich, es ist egal, was zertifiziert wird, Hauptsache wir können unseren Kunden das ISO 27001-Zertifikat zeigen."

T34M-L34D: „Die Kunden sollen ja unsere Produkte kaufen und dazu sollten wir uns auf die Produktentwicklung beschränken."

T34M-ADMIN: „Stimmt nicht, die ISO 27001 verlangt mehrere Maßnahmen, die nur bei uns im Rechenzentrum stattfinden."

T34M-BO$$: „Aber, wenn es dem Kunden ausreicht, dass unser Rechenzentrum nicht drin ist, dann wäre es doch auch in Ordnung. Wir verkaufen ja keine RZ-Leistungen."

T34M-ADMIN: „Ich finde, das wäre Betrug am Kunden! Wenn wir die IT-Infrastruktur nicht im Scope haben."

3.2 Praxisbeispiel: Zertifikats-Scope

Diskussion zur Vorbereitung einer Zertifizierung:

T34M-L34D: „Wir wünschen einen sehr kleinen Scope, um Kosten zu sparen. Was muss mindestens drin sein?"

Interviewer: „Was sind denn Ihre Wertschöpfungsprozesse?“

T34M-L34D: „Die Prozesse wollen wir nicht zertifizieren lassen. Wir dachten eher an die Büro-IT.“

Interviewer: „Was hat denn Ihr Kunde von Ihnen gefordert?“

T34M-L34D: „Der Kunde fordert ein ISO 27001-Zertifikat. Soweit uns bekannt ist, reicht es, ein ISO 27001-Zertifikat vorzuweisen. Es müssen nicht alle Prozesse zertifiziert werden.“

3.3 Praxisbeispiel: Empfohlener Übungs-Scope

Erklärung eines ISBs zum gewählten Scope:

T34M-L34D: „Wir wollen nicht mit unseren komplizierten Wertschöpfungsprozessen beginnen. Der letzte Auditor hat uns empfohlen, erst einmal mit der Zertifizierung unserer Büro-Landschaft zu beginnen, um die Zertifizierung zu üben und ein Gefühl dafür zu bekommen.

Wir würden uns dann nach drei Jahren steigern und auf die Produkterzeugung ausweiten, wenn wir ausreichend fit sind.“

3.4 Ihre Aufgabe als ISB

Was ist denn nun genau Ihr Anwendungsbereich, auch Scope genannt, den Sie dokumentieren müssen?

ISO/IEC 27001 Kap. 4.3 Festlegung des Anwendungsbereichs

Als erstes sollten Sie intern klären, wozu Ihre Organisation ein Zertifikat benötigt. In der Regel möchten Organisationen ihre Wertschöpfungsprozesse, also Produkterzeugung und Dienstleistungserbringung zertifizieren lassen.

Alles was für diese Wertschöpfungsprozesse wichtig ist, muss in den Scope. Wenn Sie beispielsweise einen Marketing-Büroarbeitsplatz haben, ohne den die Wertschöpfungsprozesse weiter produktiv sein können, könnten Sie diesen Arbeitsplatz ausschliessen.

Alle Prozesse, die jedoch dazu führen, dass Ihre wichtigen Produkte und Dienstleistungen erzeugt werden, sollten Sie nicht ausschließen.

Ihre Betrachtung muss immer darauf abzielen, was wäre, wenn dieser oder jener Prozess ausfallen würde? Könnten wir dann trotzdem Einnahmen generieren oder nicht? Ihr Schutzziel ist das Überleben Ihrer Organisation. Wofür bezahlen Ihre Kunden Sie? Welche Prozesse garantieren Ihnen den Fortbestand am Markt?

Ein zweiter Aspekt, den Sie bei der Scope-Dokumentation betrachten sollten, ist die Formulierung, die später auf dem ISO/IEC 27001-Zertifikat zu lesen sein soll.

Eine Scope-Dokumentation über eine halbe DIN A4-Seite ist zu umfangreich. Bei der Formulierung des Scopes müssen Sie den Marketing-Aspekt, also die Werbung im Auge behalten.

Welche Produkterzeugung oder Dienstleistungserbringung wollen Sie dem Kunden als besonders sicher verkaufen?

Kunden interessiert es beispielsweise nicht, dass Sie Ihre Arbeitszeiterfassung sicher und nachvollziehbar in einem SAP-System durchführen. Ihre Arbeitszeiterfassung und das jeweilige System dafür brauchen Sie nicht in den Scope einschließen, denn dafür bezahlen Ihre Kunden Sie nicht.

Wenn Sie aber Software für Kunden entwickeln und dazu ein lizenzfreies Software-Tool benutzen, müssen Sie dieses in Ihren Scope aufnehmen, auch wenn seine Anschaffung gegenüber anderer Software nicht so teuer war. Hier wäre die Betrachtung wichtig, wie können wir unser Software-Tool für die Softwareentwicklung ausreichend verfügbar machen?

Ihre Kunden werden Ihre angebotenen Produkte und Dienstleistungen anhand des zertifizierten Scopes aus- oder abwählen.

Zu den Mitarbeitern im Zertifizierungsscope befinden sich zudem alle Mitarbeiter, die in einer Zertifizierung mit den Auditoren sprechen. Dazu gehören selbstverständlich die Geschäftsführung, die Personalabteilung, der Einkauf, der Datenschutzbeauftragte, die IT-Abteilung und alle Personen, die für Kunden an den zu zertifizierenden Prozessen beteiligt sind.

4 Führungsaufgaben

Die ISO/IEC 27001 fordert von Führungskräften, sich intensiv mit dem Aufbau eines ISMS zu beschäftigen.

ISO/IEC 27001 Kap. 5.1 Führung und Verpflichtung

In früheren Normen beispielsweise der ISO 9001 (Qualitätsmanagementsystem), ISO 14001 (Umweltmanagementsystem) und auch der ISO/IEC 27001 wurden lediglich die Ernennung eines Managementbeauftragten gefordert. Dies hat sich mit den Norm-Ausgaben ab 2010 geändert. Seit 2010 basieren die Normen auf der *ISO High Level Structure*, die eine einheitliche Kapitelstruktur vorgibt. Nun müssen sich auch Führungskräfte beim Aufbau eines Managementsystems einbringen und ihren Teil beitragen. Sie sollen sogar Vorbildwirkung entfalten.

Es gibt typische Aufgaben, die von der obersten Leitung beziehungsweise der Geschäftsführung nach ISO/IEC 27001 erwartet werden. Das sind beispielsweise die Freigabe aus-gewählter Dokumente, die Bereitstellung von Ressourcen für den ISMS-Aufbau sowie die Zuweisung der Umsetzungsverantwortung an Personen.

ISO/IEC 27001 Kap. 5.3 Rollen, Verantwortlichkeiten und Befugnisse

Weist Ihre Führungskraft keiner Person die Aufgaben zum ISMS-Aufbau zu, verbleiben diese Aufgaben in der Umsetzungsverantwortung bei Ihrer Führungskraft, die das ISMS einführen möchte.

4.1 Praxisbeispiel: Keine Freigabe vom BO$$

Gespräch im Zertifizierungsaudit:

> *Interviewer: „Können Sie mir bitte das Dokument zum Managementreview beziehungsweise die Managementbewertung zeigen?"*
>
> *T34M-L34D: „Das ist leider immer noch der letzte Stand, den ich Ihnen vor vier Wochen gezeigt habe. Ich habe immer noch keine Freigabe durch den T34M-BO$$."*
>
> *Interviewer: „Wo liegt das Problem? Warum gibt T34M-BO$$ das Managementreview nicht frei?"*
>
> *T34M-L34D: „Er meint, er würde nichts freigeben, was er nicht versteht und hinter dem er nicht steht. Er hat Bedenken, wenn er den Managementbericht unterschreibt, dass er dann für alles, was bei der Zertifizierung nicht rund läuft, geradestehen muss."*
>
> *Interviewer: „War er denn beim Managementreview anwesend?"*
>
> *T34M-L34D: „Bisher gab es kein Managementreview. Den Bericht habe ich geschrieben. Er braucht ihn ja nur noch zu unterschreiben."*

4.2 Ihre Aufgabe als ISB

Für viele Organisationen wird die Dokumentation des Managementreviews durch den ISB erstellt. Aber Sie sollten zumindest einen Termin mit Ihrer Geschäftsführung vereinbaren und den Inhalt des Managementreviews besprechen.

Die Führungskräfte haben die Aufgabe, Verbesserungsmöglichkeiten zu benennen oder von Ihnen geplante Maßnahmen zu bestätigen oder abzulehnen. Für Sie sind diese Entscheidungen wichtig, für das weitere Vorgehen beim ISMS-Aufbau.

Wenn Ihre Vorgesetzten den Inhalt des Managementreviews nicht verstanden haben, müssen Sie die Inhalte noch einmal einfacher und klarer erläutern.

Im Zertifizierungsaudit wird in der Regel der Vorgesetzte zu den geplanten Verbesserungsmaßnamen und dem aktuellen Umsetzungsstatus von früheren Maßnahmen befragt. Ihre Führungskraft sollte deshalb wissen, wie der aktuelle Stand des ISMS ist und was die geplanten Verbesserungen sind.

4.3 Praxisbeispiel: Sorge vor eigener Politik

Unterhaltung mit einem Geschäftsführer:

> *Interviewer: „Bitte zeigen Sie mir Ihre Politik und sagen Sie mir, wie Sie diese veröffentlicht haben."*
>
> *T34M-BO$$: „Ich habe keine eigene Politik."*

Interviewer: „Sie wissen aber schon, dass die ISO 27001 dies von Ihnen fordert?"

T34M-BO$$: „Ja, aber ich bin hier nur der Geschäftsführer. Ich kann nicht einfach meine eigene Politik machen und veröffentlichen."

4.4   Ihre Aufgabe als ISB

Als oberste Leitung zählt immer die Person oder Personengruppe, die an einem bestimmten Standort die Gesamtverantwortung trägt. Ein eingesetzter Geschäftsleiter ist in so einer Rolle.

Ein Geschäftsleiter, der keine Strategie beziehungsweise Politik vorgeben will, wird in einem Zertifizierungsprozess zwangsläufig dazu führen, dass die Organisation überhaupt kein Zertifikat erhält.

Sie sollten ihm einen Entwurf vorlegen, den er mit seinem Vorstand diskutieren kann.

5   Ressourcen

Zu den Ressourcen, die bereitgestellt werden müssen, zählen finanzielle, technische als auch personelle Ressourcen, aber auch organisatorische Arbeits- und Betriebsmittel.

5.1   Praxisbeispiel: 10% zeitliche Ressourcen

Bericht eines ISBs während eines Überwachungsaudits:

> *T34M-L34D: „Ich möchte mich direkt mal bei Ihnen beschweren.*
>
> *Ich soll das gesamte ISMS aufbauen und mir stehen nur zehn Prozent meiner Arbeitszeit dafür zur Verfügung.*
>
> *Ich muss meine gesamten früheren Aufgaben weiterbearbeiten und auch oft auf Dienstreisen fahren.*
>
> *Ich schaffe das so nicht mehr! Bitte schreiben Sie das in den Auditbericht und nehmen Sie uns das Zertifikat weg, damit der oben mal merkt, dass es so nicht weiter geht."*

5.2 Ihre Aufgabe als ISB

ISO/IEC 27001 Kap. 7.1
Ressourcen

Die Nichtbereitstellung von zeitlichen Ressourcen für den eingesetzten ISB ist selbstverständlich eine Nichtkonformität und führt in Zertifizierungs- oder in Überwachungsaudits mindestens zu einer Nebenabweichung[5].

Die Anforderung, Ressourcen bereitzustellen, finden Sie in der ISO/IEC 27001 in »Kapitel 7.1 Ressourcen«.

Wenn Sie als ISB in einer ähnlichen Lage sind, empfehle ich Ihnen eine Risikoabschätzung durchzuführen und die Bewertung von fehlenden Ressourcen unaufgeregt als sehr hohes Risiko für das ISMS sowie für den Zertifikatserhalt zu bewerten. Als potenziellen Schaden geben Sie die Nicht-erteilung oder den Entzug des Zertifikats an.

Wahrscheinlich wird Ihnen kein Zertifizierungsauditor tatsächlich das Zertifikat verweigern, aber er wird Ihrem ISMS in jedem Fall eine Nebenabweichung und der obersten Leitung einen richtungsweisenden Hinweis im Abschlussgespräch geben.

5.3 Praxisbeispiel: ISMS-Projektleiter

Gespräch mit einem ISB im Audit:

Interviewer: „Haben Sie eine Berufungs- oder Ernennungsurkunde als ISB erhalten?"

---

[5] Eine Nebenabweichung besagt, dass die Normanforderungen noch nicht vollständig umgesetzt sind.

T34M-L34D: „Nein, habe ich nicht. Ich bin auch gar kein ISB. Ich bin nur der Projektleiter, der das ISMS einführen soll. Nach der Zertifizierung ist mein Projekt und damit meine Aufgabe beendet.“

Interviewer: „Und wer wird nach Ihnen das ISMS weiter aufbauen und verbessern?“

T34M-L34D: „Keine Ahnung. Ich jedenfalls nicht. So ist es mir kommuniziert worden.“

Interviewer: „Wöllten Sie denn gern danach als ISB für das ISMS verantwortlich sein?“

T34M-L34D: „Wenn es für mich einen neuen Titel und mehr Gehalt gibt, ja.“

5.4 Ihre Aufgabe als ISB

Es ist nicht ausreichend, das ISMS nur aufzubauen und später nicht weiterzuentwickeln und zu verbessern. Ein knappes Jahr nach der Zertifizierung wird Ihr ISMS einem Überwachungsaudit[6] unterzogen. Wenn der Auditor dabei feststellt, dass nach der Ausgabe des Zertifikats nicht fortlaufend an dem ISMS gearbeitet

ISO/IEC 27001 Kap. 5.3 Rollen, Verantwortlichkeiten und Befugnisse

---

[6] Spätestens 364 Tage nach dem ersten Zertifizierungsaudit findet das Überwachungsaudit statt, in dem die Abstellung von Nebenabweichungen und die Weiterentwicklung des ISMS überprüft werden.

wurde, riskieren Sie beziehungsweise Ihre Organisation die Aussetzung des Zertifikats[7].

Der obersten Leitung muss bewusst sein, dass ein Zertifikat nur erhalten werden kann, wenn sich kontinuierlich jemand um die Weiterentwicklung und Verbesserung des ISMS kümmert.

---

[7] Die Aussetzung des Zertifikates bedeutet, auf Ihrem Folge-Zertifikat wird eine zertifikatsfreie Zeit angegeben.

6 Informationssicherheits-Richtlinien

Organisationsrichtlinien sollen die angewiesene Marschrichtung für Mitarbeiter aufzeigen. Bei Informationssicherheits-Richtlinien zielen diese Anweisungen selbstredend auf die zu erreichenden Hauptaspekte: Verfügbarkeit, Vertraulichkeit, Integrität, Authentizität, Verlässlichkeit, Zurechenbarkeit sowie Verbindlichkeit ab.

Verfügbarkeit gewährleistet es Berechtigten zu jedem gewünschten Zeitpunkt, Zugriff auf Informationen zu haben. Vertraulichkeit sorgt dafür, sensible Werte nur Berechtigten zugänglich zu machen. Integrität stellt sicher, Werte liegen in unveränderter und fehlerfreier Art und Weise vor. Authentizität gibt an, eine Person ist die, für die sie sich ausgibt. Verlässlichkeit liegt vor, wenn Systeme und Kommunikation stets zu gleichen Ergebnissen beziehungsweise Reaktionen führen. Zurechenbarkeit liegt vor, wenn Besitzer oder Änderer eindeutig bestimmbar sind. Verbindlichkeit kann angenommen werden, wenn Sender und Empfänger ihre Aktionen nicht leugnen oder abstreiten können.

6.1 Praxisbeispiel: Dokumente für die Schublade

Gespräch während einer ISMS-Beratung:

> *Interviewer: „Welche Informationssicherheits-Richtlinien gelten bei Ihnen?"*

T34M-L34D: „Ach, das können Sie hier vergessen. Ich sollte mal ein IT-Sicherheitskonzept schreiben und habe fast zwei Jahre daran gearbeitet. Nie wollte jemand mal Details von mir dazu wissen und jetzt als ich es dem T34M-BO$$ gab, ist es direkt in der Schublade gelandet. "

6.2 Ihre Aufgabe als ISB

ISO/IEC 27001 Kap. 5.1 Führung und Verpflichtung

Die ISO/IEC 27001 fordert von Führungskräften in Kapitel »5.1 Führung und Verpflichtung, Absatz f)« Personen zu unterstützen und anzuleiten, damit diese zur Wirksamkeit des ISMS beitragen können.

Wenn Sie mit einer ähnlichen Aussage auf strengen Zertifizierungsauditor treffen, kann das direkt zu einer Hauptabweichung führen, was die Verzögerung im Zertifizierungsprozess oder die Aussetzung der Zertifikatsgültigkeit bedeutet.

Geben Sie Ihrem Vorgesetzten nochmal den Hinweis, dass er oder sie für die Erreichung der ISMS-Ziele hauptverantwortlich ist und dass der Zertifizierungsauditor im Audit prüft, ob die oberste Leitung den ISB oder das ISMS-Team unterstützt.

ISO/IEC 27001 Anhang A.5.1 Informationssicherheitsrichtlinien

Unter »Anhang A.5.1« finden Sie als erste Maßnahme zum ISMS-Aufbau die Forderung, Informationssicherheitsrichtlinien festzulegen, von der Leitung genehmigen zu lassen, herauszugeben und bekanntzumachen.

Ein größeres Desinteresse der Leitung führt logischerweise zu einer Vielzahl von Verstößen durch Mitarbeiter. Hier können Sie sehr viele hohe Risiken darauf ableiten, dass es keine Richtlinien gibt und als Gegenmaßnahme empfehlen, mindestens eine allgemeingültige Informationssicherheitsrichtlinie für die Belegschaft mit Schwerpunkten aufzubauen und diese anschließend den Mitarbeitern bekannt zu machen.

6.3 Praxisbeispiel: Dokumente aus dem Internet

Beobachtung während einer Zertifizierung.

> *T34M-L34D: „Sie werden sehen, wir waren sehr fleißig, seit Ihrem letzten Besuch."*

> *Interviewer: „Na, dann zeigen Sie mal."*

T34M-L34D öffnet das Intranet und zeigt eine umfangreiche Menge an neuen Richtlinien.

> *T34M-L34D: „Die haben wir alle erstellt. Sie sehen also, wir waren wirklich fleißig."*

> *Interviewer: „Beeindruckend. Na, dann öffnen Sie bitte mal die erste Richtlinie."*

T34M-L34D öffnet mit Doppelklick die oberste verlinkte Richtlinie.

> *Interviewer: „Ja, scrollen Sie mal bitte in den Inhalt."*

T34M-L34D scrollt bis zur Mitte des Dokumentes. Beim Lesen fällt folgender Satz auf: »Die Mitarbeiter sollten Ihre Passwörter nicht an den Monitor kleben.«

T34M-L34D scrollt noch ein Stück weiter durch das Dokument und stoppt. Wieder fällt ein Satz auf: »Die Mitarbeiter sollten die Büros beim Verlassen verschließen.«

T34M-L34D öffnet eine andere Richtlinie und scrollt bis zur Mitte des Dokumentes. Auch in dieser Richtlinie findet sich direkt ein Satz im Konjunktiv: »Die Mitarbeiter sollten für Ihre Laptops verantwortlich gemacht werden.«

T34M-L34D wirft einen Blick zum T34M-ASSISTENTEN.

T34M-ASSISTENT: „Komm schon, sag der Auditorin, dass wir ein Dokumentenpaket im Internet gekauft haben."

T34M-L34D: „Ja, wir haben einige Dokumente gekauft."

T34M-ASSISTENT: „Die waren aber richtig teuer! Und was stimmt nun nicht damit?"

6.4 Ihre Aufgabe als ISB

Sie können sich selbstverständlich, ISMS-Dokumente im Internet beschaffen. Viele Organisationen beginnen mit einem Dokumenten-Set aus dem Internet.

Sie sollten jedoch darauf achten, ob Sie die Formulierungen noch anpassen müssen. Viele Dokumente enthalten Empfehlungen für Sie. Die Formulierung in Empfehlungsform eignet sich aber nicht als Anweisung für Ihre Mitarbeiter.

Die folgenden Gegenüberstellungen sollen Ihnen den Unterschied in der Formulierung verdeutlichen.

Konjunktiv	Aktive Anweisung
„Die Mitarbeiter sollten Ihre Passwörter nicht an den Monitor kleben."	*„Passwörter sind geheim zu halten."*

ISO/IEC 27001 Anhang A.5.17 Authentisierungs-informationen

Konjunktiv	Aktive Anweisung
„Die Mitarbeiter sollten die Büros bei Verlassen verschließen."	„Die Büros sind bei Verlassen zu verschließen."

Konjunktiv	Aktive Anweisung
„Die Mitarbeiter sollten für Ihre Laptops verantwortlich gemacht werden."	„Jeder Mitarbeiter ist für seinen Laptop verantwortlich."

Überprüfen Sie die aktuellen Richtlinien nach Formulierungen im Konjunktiv selbst oder bitten Sie Ihre Kollegen die Überprüfung zu übernehmen und Ihnen anschließend Rückmeldungen diesbezüglich zu geben.

7 Dokumentenlenkung

Die Anforderungen zur Dokumentenlenkung finden Sie in der ISO/IEC 27001 im Kapitel »7.5.3 Lenkung dokumentierter Information«. Ziel ist es, Dokumente für Mitarbeiter auffindbar und verfügbar zu machen, sobald diese sie für ihre Tätigkeiten benötigen.

ISO/IEC 27001 Kap. 7.5.3 Dokumentenlenkung

Außerdem sollen immer die aktuellsten Versionen eines Dokumentes verfügbar sein.

7.1 Praxisbeispiel: Redundante Datumsangaben

Bei der Begutachtung mehrerer Dokumente fällt auf, die Dateinamen enthalten stets eine Datumsangabe.

> *Interviewer: „Bitte zeigen Sie mir jetzt Ihre SoA."*

T34M-L34D öffnet seine SoA im Excel-Format. Der Dateiname lautet etwa »SoA_01-07-2021«.

> *Interviewer: „Ist der 1. Juli das letzte Änderungsdatum?"*

> *T34M-L34D: „Nein, ich glaube nicht. Ich muss mal in den Druckeinstellungen nachsehen."*

T34M-L34D öffnet den Kopf- und Fußbereich der Druckeinstellungen. Im Fußbereich steht das Datum »23.08.2021«.

> *T34M-L34D: „Hier steht das richtige letzte Änderungsdatum. Es ist der 23. August 2021. Wir schreiben es immer in den Fuß, damit wir beim Ausdrucken das Änderungsdatum auf dem Dokument haben."*

> *Interviewer: „Und wofür steht das Datum im Dateinamen?"*

> *T34M-L34D: „Das war mal unser letztes Änderungsdatum vor dem Zertifizierungsaudit. Das müssen wir dann mal wieder anpassen."*

7.2 Praxisbeispiel: Fehlendes Freigabedatum

Ein ISB zeigt einige Dokumente im Word-Format. In der Fußzeile steht des Öfteren als Freigabedatum »00.00.0000«.

> *Interviewer: „Wann ist diese Datei denn freigegeben worden?"*

> *T34M-L34D: „Kann ich jetzt gar nicht genau sagen, aber sie ist schon freigegeben, sonst wäre sie nicht in Version 1.0."*

> *Interviewer: „Wofür steht das Datum aus lauter Nullen?"*

*T34M-L34D: „Keine Ahnung, aber das kann ich
gleich mal prüfen."*

T34M-L34D öffnet den Fußzeilenbereich und prüft das Datum.

*T34M-L34D: „Ach, ich hab's. Das ist das letzte
Druckdatum. Wenn ich es jetzt ausdrucke, wird
das heutige Datum eingesetzt. Wahrscheinlich
haben wir die Datei noch nie ausgedruckt."*

T34M-L34D druckt die Datei aus und läuft zum Drucker, um den Ausdruck zu holen.

*T34M-L34D: „Sehen Sie, da ist das Datum von
heute."*

T34M-L34D wendet sich wieder der Datei zu.

*T34M-L34D: „Oh, hier hat sich das Datum doch
nicht geändert. Dann können wir das Datum
nicht als Freigabedatum verwenden."*

7.3 Ihre Aufgabe als ISB

Wo Sie Ihre Datumsangaben definieren, ist Ihnen überlassen, aber sie sollten eindeutig und nachvollziehbar sein. Mehrfache Datumsangaben in einem Dokument müssen Sie vermeiden.

ISO/IEC 27001 Kap. 7.5.3 Dokumentenlenkung

Einigen Sie sich deshalb mit Ihren Kollegen, an welcher Position oder in welchem System das korrekte Datum angezeigt werden soll und fordern Sie alle Mitarbeiter auf, sich an diese Datumsvorgaben zu halten.

Achten Sie auch auf Verlinkungen von Dokumenten mit Datumsangabe. Die Links müssten später alle aktualisiert werden.

7.4 Praxisbeispiel: Unauffindbare Belehrungen

Gespräch zwischen Auditor und einem leitenden Angestellten im Audit:

> *Interviewer: „Belehren Sie Ihre Mitarbeiter zum Umgang mit Mobilgeräten?"*
>
> *T34M-L34D: „Natürlich. Zum Beispiel sage ich denen, dass sie die Laptops abends nicht im Auto lassen dürfen, sondern mit hoch in die Wohnung nehmen sollen."*
>
> *Interviewer: „Ist der Inhalt von solchen Belehrungen bei Ihnen dokumentiert."*
>
> *T34M-L34D: „Ja, na klar!"*
>
> *Interviewer: „Können Sie mir mal bitte zeigen, wo das mit den Autos und Wohnungen steht?"*

T34M-L34D öffnet seinen Browser und sucht im Intranet. Auf den ersten Blick kann er nichts finden. Er versucht es über die Suche. Auch die Suche liefert keine Ergebnisse. Er öffnet den Papphefter, der vor ihm liegt und blättert in den Ausdrucken. Er kann offensichtlich auch in den Ausdrucken nichts finden. Er wendet sich wieder dem Browser zu und meint:

7.5 Ihre Aufgabe als ISB

Im Zertifizierungsaudit werden alle Aussagen bezüglich Plausibilität geprüft.

ISO/IEC 27001 Kap. 7.5.3 Dokumentenlenkung

Wenn Ihre Kollegen über irgendwelche Dokumente sprechen, müssen genau diese Dokumente auch vorzeigbar sein.

Oft werden im Zertifizierungsaudit Angaben über Arbeitsweisen durch Mitarbeiter getroffen, die zwar genauso gelebt werden, aber noch nie dokumentiert worden sind.

Das Nichtauffinden von angesprochenen Dokumenten führt dann zwangsläufig zu einer Nebenabweichung, weil die ISO/IEC 27001 im Kapitel »7.5.3 Abschnitt c)« neben Verteilung und Zugriff auch die Auffindbarkeit von Dokumenten fordert.

Sie sollten vor dem Zertifizierungsaudit mit den Kollegen, die im Auditplan für ein Interview eingeplant sind, definieren, nur über vorhandene und freigegebene Dokumente mit den Auditoren zu sprechen.

Prüfen Sie vor dem Audit auch noch einmal die Verlinkungen.

8 Sicherheitsbereiche

ISO/IEC 27001 Anhang A.7.6 Arbeiten in Sicherheitsbereichen

Sicherheitsbereiche sind Räume, Gebäude oder Flächen, in denen wichtige oder sensible Daten abgelegt beziehungsweise abgestellt sind oder Tätigkeiten ausgeführt werden, die ganz wesentlich zu den Wertschöpfungsprozessen gehören und somit Einnahmen generieren.

So werden Sie sicherlich das Büro der Geschäftsleitung und das Personalbüro als Sicherheitsbereich definieren, weil dort sehr vertrauliche beziehungsweise personenbezogene Daten abgespeichert sind.

Den Serverraum werden Sie ebenfalls als Sicherheitsbereich definieren, weil dort alle Daten auf Servern gespeichert verarbeitet werden.

Die meisten Unternehmen definieren drei bis vier Sicherheitszonen, wobei die Zone ›0‹ oft als Werksgelände bezeichnet wird.

Farblich sehe ich oft, unkritische Zonen sind weiß, anschließend folgt gelb für Treppenhäuser und die kritischste Zone wird in Rot dargestellt.

Sie haben bei der Gestaltung die freie Wahl. Die ISO/IEC 27001 nennt dafür keine expliziten Vorgaben.

Die folgende Tabelle zeigt Ihnen eine grobe Einteilung möglicher Zonen.

Tabelle 1: Exemplarische Zuordnung in einem Zonenkonzept

Zone	Beschreibung	Kritikalität	Zutrittsberechtigte
0	Unternehmens-gelände, Parkplätze, Raucherbereiche, öffentliche Bereiche	unkritisch	Alle
1	Treppenhaus	normal	Alle Mitarbeiter, Lieferanten
2	Fahrstuhl, Gänge, Beratungsräume, Büros	hoch	Abteilungsleiter, IT-Support-Mitarbeiter, Programmierer, externe Mitarbeiter, Dienstleister
3	Serverraum, IT-Lager	kritisch	Server-administratoren, Netzwerker, Dienstleister
3	Personalbüro, GF-Büro	kritisch	Personalmitarbeiter, Dienstleister

8.1 Praxisbeispiel: Angemietete Räume

Begutachtung eines Serverraums im Audit:

Interviewer: „Wer hat Zugang zu Ihrem Serverraum?"

Neben der Tür steht ein Serverschrank, bei dem die Patchkabel quer durch den Raum hängen.

8.2   Ihre Aufgabe als ISB

ISO/IEC 27001 Anhang A.7.8 Platzierung und Schutz von Geräten und Betriebsmitteln

Für den Fall, dass Sie hier Ihren Serverschrank wiedererkennen, sollten Sie sich bewusst sein, dass jeder Unbefugte, der Zugriff zu Ihren Servern hat, eine potenzielle Gefahr für Ihre Verfügbarkeit darstellt.

Einige Unternehmen bauen engmaschige, abschließbare Metall-Käfige zum Schutz um ihre Server.

Ich habe bereits viele Gespräche zu solchen angemieteten Serverräumen geführt und höre immer wieder, ein eigener Raum sei zu teuer oder man bräuchte für einen Serverschrank keinen ganzen Raum.

Falls es bei Ihnen ähnlich ist, führen Sie wenigstens eine Risikoanalyse durch und schätzen Sie die Risiken ab.

Einige Geschäftsführer sagen mir direkt, sie akzeptieren das Risiko eines Fremdzugriffs.

Ich empfehle Ihnen dennoch, prüfen Sie die Möglichkeit, Ihre Server in einen Metall-Käfig zu stellen, um Fremdzugriffe so weit wie möglich zu verhindern.

9   Softwareentwicklung

Wenn Ihre Organisation Einnahmen aus Softwareentwicklung generiert, müssen Sie diesen Wertschöpfungsprozess absichern.

Bei Softwareentwicklung handelt es sich nicht um einfache Parametrierungen im Produktivsystem, sondern um komplexe Algorithmen, die zu neuen Funktionalitäten führen.

Durch die Komplexität kann es zu Fehlern kommen, die erst in der Produktivumgebung auffallen, wenn alle Schnittstellen in ihrer gesamten Ausprägung aufeinandertreffen.

Etwa seit den 1990er Jahren haben sich bei uns immer stärker die Objektorientierten Programmiersprachen durchgesetzt. Das bedeutet, dass in Objektklassen programmiert wird und der einzelne Programmierer nur noch für einen kleinen Teil die Umsetzungsverantwortung besitzt.

Das bedeutet auch, dass die Schnittstellenfunktionalitäten zwischen den Datenobjekten oft erst beim Zusammenspiel aller Quell-Code-Klassen getestet werden können. Vorher konnte ein Entwickler seine Skripte für sich allein testen.

Die Wahrscheinlichkeit, bei einem Softwaretest Schnittstellenfehler zu entdecken, ist hoch. Deshalb haben sich umfangreiche Tests mit Testdaten in Testumgebungen etabliert.

Dennoch besteht die Möglichkeit, eine ungetestete Software direkt in die Produktivumgebung zu verschieben, weil es in einigen Fällen die Praxis erfordert oder Kunden drängeln.

9.1 Praxisbeispiel: Transport von Software

Gespräch im Audit zum Transport von Quellcode:

> *Interviewer: „Könnte bei Ihnen ein Softwareentwickler seinen Quellcode in die Produktivumgebung transportieren oder direkt in der Produktivumgebung Quellcode-Änderungen vornehmen?"*
>
> *T34M-L34D: „Ja, das wäre möglich. Das macht aber bei uns keiner."*

9.2 Ihre Aufgabe als ISB

Gerade Organisationen, in denen seit vielen Jahren Entwickler arbeiten, gehen davon aus, Vertrauen haben zu können, da noch nie etwas passiert ist und keiner absichtlich Fehler in die Produktivumgebung bauen wird.

ISO/IEC 27001 Anhang A.8.31 Trennung von Entwicklungs-, Test- und Produktions- umgebung

Meine Empfehlung für Sie als ISB ist, dass Sie sich die Prozesse vom Entwickler-Team erläutern lassen. Fragen Sie nach Transport- und Änderungsmöglichkeiten durch einzelne Mitarbeiter.

Manchmal erkennen Entwickler, während ihrer eigenen Erläuterung Ihnen gegenüber, die tatsächlichen Schwachstellen.

Fordern Sie von der IT-Abteilung eine beschränkte Anzahl von Mitarbeitern zuzulassen, die überhaupt Änderungsrechte in der Produktivumgebung besitzen und prüfen Sie diese Anzahl regelmäßig.

Prüfen Sie auch, ob die durchgeführten Änderungen nachvollziehbar und protokolliert sind. In manchen Produktivsystemen ist die Protokollierung deaktiviert, mit der Begründung:

> *T34M-L34D: „Eigentlich ändern wir ja dort nichts.“*

Bewerten Sie die Risiken, für das versehentlich Gelangen von fehlerhaften Quellcode in die Produktivumgebung und prüfen Sie die aktuellen Vermeidungs- und geplanten Gegenmaßnahmen.

Gehen Sie vor allem sehr behutsam mit den Entwicklern um. Ich selbst kann mich noch an zu rabiate Rechteänderungen in meiner Softwareentwicklerkarriere erinnern. Ein plötzlicher Entzug von bisher gern genutzten Rechten führt zwangsläufig zur Konfrontation mit Ihrer Person oder mit der ISB-Rolle.

10 Unterbrechungsfreie Stromversorgung

Gerade in KRITIS-Unternehmen wird das Schadensausmaß bei einem »Stromausfall« stets am höchsten eingeschätzt.

Stromausfälle können aber auch jede kleine Organisation treffen und zu enormen Schäden führen.

10.1 Praxisbeispiel: Wöchentliche Stromausfälle

Eine Unterhaltung während eines Audits zum Thema Informationssicherheitsvorfälle:

> Interviewer: „Hatten Sie in den letzten acht Monaten Informationssicherheitsvorfälle?"
>
> T34M-L34D: „Ja. Wir hatten im Serverraum Stromausfälle."
>
> Interviewer: „Was war da los?"
>
> T34M-L34D: „Das war verrückt. Wir haben anfangs nur festgestellt, dass seit Januar einmal pro Woche zwischen zwanzig und einundzwanzig Uhr der Strom für zirka zwanzig Minuten ausfällt. Die ersten zweimal haben wir es uns nicht erklären können, weil der Stromausfall nur auf den Serverraum beschränkt war.

Zeichnung 1: Wöchentliche Stromausfälle

10.2 Ihre Aufgabe als ISB

Vorweg, freuen Sie sich über jeden kleinen Informationssicherheitsvorfall, den Sie aufklären und dokumentieren können. Mit diesen Beweisen punkten Sie im Zertifizierungsaudit.

Zum Thema Stromversorgung führen Sie eine Risikoanalyse durch und prüfen in einem internen Audit den aktuellen Stand der Stromversorgung in Ihrer Organisation.

Im Audit sollten Sie zuerst die wichtigsten Wertschöpfungsprozesse hinsichtlich Strom-Verfügbarkeit betrachten. Anschließend prüfen Sie die bereits bestehende Stromversorgung und umgesetzten Notstrommaßnahmen. Prüfen Sie auch, ob es Dokumentationen zur Stromversorgung gibt.

Erstellen Sie für das Managementreview eine Gegenüberstellung, mit den von Ihnen in der Risikoeinschätzung ermittelten Mindestanforderungen an die Stromversorgung und dem aktuellen Stand.

Vielleicht können Sie direkt Verbesserungsempfehlungen nennen, die Ihre oberste Leitung anschließend bestätigen oder ablehnen kann.

Vergessen Sie nicht, Stromausfälle regelmäßig zu üben. Während des Aufbaus Ihres Notfallmanagements müssen Sie das Notfallszenario »STROMAUSFALL« planen und überprüfen, ob Ihre bisher umgesetzten Maßnahmen ausreichend sind. Versuchen Sie, alle Notfallszenarien durch Notfallübungen immer weiter zu verbessern.

ISO/IEC 27001 Anhang A.5.24 Planung und Vorbereitung des Managements für Informationssicherheitsvorfälle

ISO/IEC 27001 Anhang A.5.29 Informationssicherheit bei Störungen

11 Privatsphäre

Im Jahr 2010 sagte Mark Zuckerberg[8] einmal in einem Interview[9]:

> *„Menschen sind einverstanden damit,*
> *Informationen über sich mit anderen zu teilen*
> *und werden immer offener zu immer mehr*
> *Menschen. Die sozialen Normen hier haben sich*
> *in der Zeit entwickelt."*

Meine Meinung ist, jeder ist selbst für seine Daten und seine Außendarstellung verantwortlich. Heute müssen wir im Umgang mit unseren Daten und den Daten unserer Kinder aufmerksamer umgehen, als noch vor fünfundzwanzig Jahren.

Wer kann schon behaupten, dass er all seinen Xing-, LinkedIn- oder Facebook-Kontakten vertraut? Wir achten meist nur auf das Profilfoto, den Job-Titel und die Anzahl der Kontakte. Die Kontakte, die uns persönlich bekannt sind, halten sich dabei in Grenzen. Jeder ISB sollte bei sich ansetzen und nicht alle Kontaktanfragen direkt bestätigen.

---

[8] Mark Zuckerberg, Gründer von Facebook
[9] Interview mit Techchrunch-Blogger Michael Arrington

11.1 Praxisbeispiel: Veröffentlichte Forenbeiträge

Bericht eines Seminarteilnehmers zum Thema Privatsphäre:

T34M-L34D: „Meine Kollegen und ich waren mal so vor zirka fünfzehn Jahren Mitglieder in einem zugangsbeschränkten Internetforum. Wir haben uns da über Arbeitsthemen ausgetauscht. Später auch mal ganz vereinzelt über private Dinge oder über unsere Chefs und Kollegen und so.

Anfangs hatten wir alle Nicknamen, aber später haben wir uns beim richtigen Namen angesprochen und verabschiedet.

Ich habe dann die Firma gewechselt und der Kontakt ist auseinandergegangen.

Als ich dann mal so zirka acht Jahre später meinen Namen gegoogelt habe, wurden mir alle meine Threads und Beiträge aus dem alten Forum angezeigt.

Ich bin dann auf die Seite des Forums gegangen und habe darum gebeten, dass meine Beiträge nicht öffentlich angezeigt werden und dass alles von mir gelöscht werden soll.

Aber der Forenbetreiber reagierte nicht. Ich habe fast anderthalb Jahre immer wieder darum gebeten, meine Beiträge zu entfernen, da ich sie

11.2 Ihre Aufgabe als ISB

ISO/IEC 27001 Anhang A.5.34 Datenschutz und Schutz personenbezogener Information

Ihre Aufgabe ist es, Ihre Mitarbeiter zu sensibilisieren. Allen sollte bewusst sein, dass Daten auf dienstlichen Geräten nie privat sein werden, auch wenn dies im Arbeitsvertrag enthalten sein sollte. Dienstliche Geräte werden auch nur von Menschen betreut, die Zugriff auf die unterschiedlichsten Daten besitzen.

Jedem sollte klar sein, auch wenn private Daten nicht zu disziplinarischen Maßnahmen herangezogen werden, könnten die anderen Kollegen dennoch Kenntnis über Inhalte erlangt haben.

Sensibilisieren Sie Ihre Mitarbeiter im Umgang mit deren persönlichen Meinungsäußerungen über Kanäle, die uns andere bereitstellen.

Alles Vertrauliche sollte so vertraulich wie möglich weitergegeben werden.

Im Audit sagen wir dazu oft:

Interviewer: „Wir sagen Ihnen das jetzt mal auf der Tonspur. Das bleibt hier im Raum.“

12 Geräte und Betriebsmittel

In jedem Unternehmen genauso wie im Privaten brauchen wir Geräte und Betriebsmittel. Diese sind jedoch umso wichtiger, desto stärker unsere Gesundheit und unser Einkommen davon abhängig sind.

12.1 Praxisbeispiel: Brandlast hinter Serverschrank

Rundgang in einem Rechenzentrum. Im hinteren Bereich befindet sich ein abgetrennter Raum.

> *Interviewer: „Was befindet sich in diesem Raum?*
> *Können wir da mal reinsehen?"*
>
> *T34M-L34D: „Da lagern wir nur unser*
> *Verpackungsmaterial, also alte Kartons und so."*

12.2 Ihre Aufgabe als ISB

ISO/IEC 27001 Anhang A.7.8 Platzierung und Schutz von Geräten und Betriebsmitteln

Im Audit ist es immer wieder verwunderlich, wieviel Material, sprich Pappkartons, Spraydosen und Euro-Paletten beispielsweise im Serverraum abgelegt sind. Teilweise liegen auch Winterreifen im Serverraum oder stehen gepolsterte Sessel herum.

Obwohl den Serverraumverantwortlichen klar ist, dass die Auditoren genau danach sehen werden, wird es offensichtlich vergessen.

Versuchen Sie wenigstens vor dem Audit, alle Brandlasten aus den Sicherheitsbereichen zu entfernen. Alle Abfälle, die schnell entflammbar sind, sollten Sie regelmäßig entsorgen lassen.

12.3 Praxisbeispiel: Inergen-Löschanlage

Bericht eines ISBs im Seminar zum Thema Löschanlagen.

> *T34M-L34D: „Beim Audit meinte unser Auditor,*
> *dass es sinnfrei wäre, eine Inergen[10]-Löschanlage*
> *in einem fensterlosen Raum vorzuhalten."*

12.4 Ihre Aufgabe als ISB

Wenn Sie für die Installation einer Löschanlage mitverantwortlich sind, sollten Sie im Vorfeld prüfen, welche Rahmenbedingungen bei einem Einsatz der ausgewählten Löschanlage gefordert werden.

Löschanlagen, wie beispielsweise Inergen-Löschanlagen, die den Sauerstoff aus Räumen entziehen, sind darauf angewiesen, dass Fenster und Türen im Brandfall fest verschlossen sind.

Im Audit wird der Auditor Ihre Löschanlage begutachten. Sollte sich herausstellen, dass Sie eine Löschanlage, die Sauerstoff entzieht in einem fensterlosen Raum betreiben, werden Sie eine Nebenabweichung und bis zum nächsten Audit Auflagen erhalten. Diese Auflagen könnten beispielsweise sein, dass Sie Fenster oder Brandschutztüren einbauen müssen. Im Beispiel gab es keine

---

[10] Inergen ist der Markenname für ein patentiertes Gemisch aus Stickstoff, Argon und Kohlendioxid. Es dient der Brandbekämpfung.

Fenster, durch die hätte Sauerstoff gelangen können und der Auditor empfand die Anlage deshalb übertrieben.

13 Unbeaufsichtigte Benutzergeräte

Was meinen Sie, wenn Sie Ihren Privat-Drucker oder Ihr Fahrrad ungesichert vor Ihr Haus stellen würden, wie lange Ihr Eigentum dort auf neue Besitzer warten müsste?

13.1 Praxisbeispiel: Ausdruck im Multifunktionsgerät

Beim Rundgang durch ein großes Foyer, sieht der Auditor ein Multifunktionsgerät, auf dem noch ein Ausdruck liegt.

> *Interviewer: „Auf dem Multifunktionsgerät dort drüben liegt noch ein Ausdruck. Könnten Sie mal bitte nachsehen, ob es sich um ein vertrauliches Dokument handelt?"*

T34M-L34D wendet das Blatt und antwortet:

> *T34M-L34D: „Nee, ist nicht vertraulich. Ist nur ein Sudoku."*

13.2 Praxisbeispiel: Kunden-Angebot im Drucker

Ein ISB berichtet von einem Zwischenfall während eines Audits:

> *T34M-L34D: „Im letzten Audit haben wir mit den Auditoren einen Rundgang durch den Standort*

gemacht und kamen dabei an einem gerade druckenden Multifunktionsgerät vorbei.

Der Trainee-Auditor[11] blieb dann plötzlich stehen, holte sein Handy heraus, drehte den Ausdruck herum und schoss ein Foto, gerade als ein interner Mitarbeiter an gesprintet kam, um den Ausdruck zu holen."

Interviewer: „Was passierte?"

T34M-L34D: „Der Mitarbeiter ist direkt mit dem Ausdruck zum T34M-BO$$ und hat sich beschwert. Dann dauerte es keine fünfzehn Minuten und der T34M-BO$$ höchstpersönlich rückte an und unterbrach das Audit.

Er informierte direkt die Zertifizierungsstelle und forderte eine Erklärung."

Interviewer: „Um was für einen Ausdruck handelte es sich denn?"

T34M-L34D: „Das war ein Angebot, dass wir bei einer öffentlichen Ausschreibung einreichen wollten."

---

[11] Trainee-Auditoren sind Auditoren in Ausbildung einer Zertifizierungs-stelle

Interviewer: „Wurde das Angebot nicht mehr eingereicht.“

T34M-L34D: „Doch, ich glaube schon. Aber die beiden Auditoren dürfen nicht mehr ins Haus.“

13.3 Ihre Aufgabe als ISB

Achten Sie als ISB auf Drucker, mit denen vertrauliche Dokumente gedruckt werden. Diese Geräte sollten zugriffsbeschränkt sein. Das bedeutet, kein Unbefugter sollte Zugriff auf die gedruckten Dokumente haben.

ISO/IEC 27001 Anhang A.8.1 Endpunktgeräte des Benutzers

Viele Drucker bieten zudem die Möglichkeit, Dokumente erst auszudrucken, wenn direkt am Drucker eine zusätzliche Authentifikation beziehungsweise Identitätsüberprüfung stattgefunden hat. Dies wird bei verschiedenen Organisationen mit Mitarbeiterausweisen, personenbezogenen Transpondern oder PIN-Code gestattet.

Die Norm verlangt außerdem, dass mit jedem Lieferanten, also auch mit jedem Auditor, der Zugang zu Informationen der Organisation hat und diese verarbeiten, speichern oder weitergeben könnte, Informationssicherheitsanforderungen vereinbart werden.

ISO/IEC 27001 Anhang A.5.20 Informationssicherheit in Lieferantenbeziehungen

Ein auszubildender Auditor hat bei einem Audit möglicherweise das erste Mal Kundenkontakt und kennt seine Grenzen noch nicht. Deshalb sollten Sie zu Beginn des Audits Trainee-Auditoren explizit darauf hinweisen, dass diese keine Informationen weitergeben dürfen.

Für den Fall, dass ein Trainee-Auditor gegen Ihre Sicherheits-
anforderungen verstoßen hat, sollten Sie dies der Zertifizierungs-
stelle melden, damit sie alle Auditoren erneut darüber informiert,
wie der Umgang mit Kundeninformationen stattfinden muss.

Ich empfehle Ihnen auch, alle Externen auf ein Fotografierverbot in
Ihren Räumlichkeiten hinzuweisen und vor Rundgängen explizit
darauf aufmerksam zu machen.

Einige Organisationen haben direkt am Eingang ein Fotografier-
verbotsschild angebracht. Vielleicht wäre das auch etwas für Sie.

14 Vertraulichkeit

In der Informationssicherheit ringen die Aspekte: Verfügbarkeit, Integrität und Vertraulichkeit stets um ihre Wichtigkeit.

Es gibt keine Wertschöpfungsprozesse, für die Sie nur einen der drei Aspekte alleine bewerten bräuchten. Und selbst wenn wir glauben, endlich den passenden Stellenwert gefunden zu haben, kann ein unerwartetes Ereignis die bereits abgeschlossene Kritikalitätsbewertung wieder zunichtemachen.

14.1 Praxisbeispiel: Rezepte am offenen Fenster

Bericht eines Seminarteilnehmers zu einem Informationssicherheitsvorfall:

> *T34M-L34D: „Wir hatten vor einigen Monaten einen Informationssicherheitsvorfall.*
>
> *Einer unserer Kollegen bearbeitete Kassenrezepte am offenen Fenster. Als seine Kollegin die Tür öffnete und den Raum betrat, kam es zu einem starken Durchzug, wodurch eine große Menge an Rezepten durch das Fenster auf die Straße flatterte."*

Zeichnung 2: Rezepte am offenen Fenster

T34M-L34D: „Wir sind alle sofort auf die Straße gestürmt und haben die Rezepte eingesammelt.

Unser Kunde war sehr verärgert und forderte von uns umgehend, dass wir Fenstergaze an allen Fenstern anbringen.

Diese Gegenmaßnahme haben wir dann baulich auch sofort umgesetzt."

14.2 Ihre Aufgabe als ISB

Als gestandener ISB kennen Sie natürlich die ISO/IEC 27001-Forderung nach einem aufgeräumten Arbeitsplatz. Jetzt wissen Sie auch, wie Sie Arbeitsplätze ganz pragmatisch leeren, um die Normanforderung vor dem Besuch des Auditors zu erfüllen. Fenster auf und Dokumente raus.

Also nein, so geht es dann natürlich doch nicht ganz. Sie wissen Bescheid.

Prüfen Sie, ob möglicherweise auch bei Ihnen sensible oder kritische Informationen an Fenstern bearbeitet werden.

Viele Kunden fordern mittlerweile Sichtschutz von ihren Zulieferern.

Für den Fall, dass bei Ihnen Daten über den Weg eines Fensters verloren gehen oder ausspioniert werden könnten, sollten Sie eine Risikoabschätzung durchführen und ebenfalls über Fenstergaze oder Spiegelfolie nachdenken.

ISO/IEC 27001 Anhang A.7.7 Aufgeräumter Schreibtisch und Bildschirmsperren

15 Sammeln von Beweismitteln

Wenn sich Menschen an Katastrophen, wie beispielsweise Krieg oder Vulkanausbrüche erinnern möchten, gehen sie an Orte, an denen Ruinen als Mahnmal erhalten worden sind.

Mahnmale dienen den nachfolgenden Generationen als Beweis, was sich in früherer Zeit an diesem Ort ereignet hat.

Beweise helfen uns das Ausmaß eines Ereignisses und dessen zeitlichen Rahmen zu begreifen.

Bei der Informationssicherheit geht es bei Beweismitteln auch darum, zu begreifen, wann was passiert ist und diese Nachweise aufzubewahren.

15.1 Praxisbeispiel: Unvollständige Störungsprotokolle

Rundgang in einer Leitstelle und Begutachtung der Störmeldungen:

> *Interviewer: „Sie sagten, dass alle Störmeldungen hier in der Leitstelle einlaufen. Könnten Sie mir bitte ein, zwei Beispiele für ein Störprotokoll zeigen?"*

> T34M-L34D: „Da kann ich Ihnen sogar einen
> ganzen Ordner zeigen.“

T34M-L34D öffnet einen Aktenordner mit der Beschriftung:
»STÖRFÄLLE«.

> T34M-L34D: „Da Sie ja aus der IT kommen,
> interessieren Sie sicherlich die IT-Störmeldungen
> am meisten. Ich suche Ihnen gleich mal einige
> heraus.“

T34M-L34D weist auf ein Protokoll hin.

> T34M-L34D: „Hier können Sie ein IT-
> Störmeldungsprotokoll sehen. Wir erkennen IT-
> Störprotokolle am Protokollkopf, weil da IT drin
> enthalten ist.“

Das Protokoll zeigt den Vordruck einer Checkliste. Ausgefüllt ist nur
die Uhrzeit.

> Interviewer: „Auf dem Störprotokoll sind keine
> weiteren Daten, außer der Uhrzeit. Können Sie
> die Störung dennoch irgendwie zuordnen?“

> T34M-L34D: „Ja, klar. Wir haben zu den
> Störprotokollen noch ein SAP-System, in das wir
> dann weitere Daten eintragen.“

> Interviewer: „Bitte zeigen Sie mir den konkreten
> Störfall zu diesem Protokoll.“

T34M-L34D startet das SAP-Meldungscockpit und gibt als Suchkriterium die Uhrzeit ein. Es erscheinen keine Einträge.

> T34M-L34D: „Na, bei diesem Beispiel hat es leider nicht so geklappt, wie es normalerweise sonst klappt. Ich kann Ihnen aber noch ein anderes Protokoll zeigen."

T34M-L34D blättert im Störfälle-Ordner einige Seiten weiter und entnimmt ein zweites Störprotokoll.

> T34M-L34D: „Hier sehen Sie, es handelt sich wieder um eine IT-Störung, da im Protokollkopf „IT" enthalten ist."

T34M-L34D reicht das Protokoll zur Begutachtung. Das Protokoll enthält in der Checkliste einen Mitarbeiternamen, sonst nichts.

> Interviewer: „Ich habe den Eindruck, dass auch dieses Protokoll unvollständig ist. Könnten Sie mir den konkreten Störfall bei sich im SAP zeigen?"

> T34M-L34D: „Ja, das funktioniert jetzt, weil ja der Name des Mitarbeiters vorhanden ist."

T34M-L34D gibt in der SAP-Suchmaske den Namen des Mitarbeiters ein und erhält unzählige Einträge.

> T34M-L34D: „Na, so richtig klappt das jetzt hier auch nicht. Ich müsste da mal mit dem

15.2 Ihre Aufgabe als ISB

Offensichtlich waren die Aufzeichnungen zu den gemeldeten Störfällen keine Protokolle, sondern lediglich Notizen während eines Anrufs. Die kompletten Störmeldungen befanden sich im SAP-System. Die Notizen waren den Störfällen allerdings nicht zuordenbar.

ISO/IEC 27001 Anhang A.5.28 Sammeln von Beweismitteln

Sie sollten als ISB darauf achten, dass Ihre Mitarbeiter die Ordner und Verzeichnisse so beschriften, wie es deren Inhalt entspricht.

ISO/IEC 27001 Anhang A.5.13 Kennzeichnung von Information

In einer Zertifizierung führt diese fehlerhafte Beschriftung wie im gezeigten Beispiel zu einer festgestellten Nichtkonformität, da im Ordner »STÖRFÄLLE« keine Störfälle zu finden waren. Wäre der Ordner mit »ARBEITSMITTEL« oder ähnlichem beschriftet gewesen, wäre nicht die Erwartung geweckt worden, Störfallprotokolle zu finden.

16 Hochverfügbarkeit

Was bedeutet eigentlich Sklaverei? Sie überführt Menschen zeitlich begrenzt oder lebenslang in das Eigentum anderer. Sklaven stehen hochverfügbar im Dienste ihrer Eigentümer und können kaum eigene Rechte ausüben.

Wir könnten uns einmal fragen, ob die fremdbestimmte Hochverfügbarkeit von Menschen tatsächlich abgeschafft wurde oder ob sie durch das Internet nun die breite Masse in diesen Zustand überführt hat.

16.1 Praxisbeispiel: Hochverfügbares Internetportal

Bericht eines ISBs über eine Kundenanforderung:

T34M-L34D: „Als wir die Kundenanforderungen an ein neues Internetportal ermittelten, teilte uns die Kundin mit, dass ihre Seite hochverfügbar sein müsste.

Sie hatte große Angst vor schlechten Pressemitteilungen über eine mögliche Nichtverfügbarkeit ihrer Seite.

All unsere Beschwichtigungen halfen nichts. Sie wollte eine hochverfügbare Infrastruktur für ihr

Internetportal, welches keine Sekunde ausfallen durfte.

Wir wiesen auf die enormen Kosten solch einer Infrastruktur hin, doch die Kundin meinte nur, wir sollen ihr endlich ein Angebot machen.

Unser T34M-BO$$ erstellte dann persönlich das Angebot. Er teilte der Kundin mit, dass wir bei T34M zwei neue Administratoren einstellen werden, die das Internetportal im Drei-Schicht-Betrieb monitoren und sobald es hängt, neu starten werden.

Die Kosten für die Kundin lagen bei zwei zusätzlichen Jahresgehältern für die beiden neuen Administratoren plus dem Jahresgehalt des aktuellen Administrators.

Die Kundin teilte uns umgehend mit, dass ihr Portal doch keine Hochverfügbarkeit mehr benötigen würde und dass sie ihren Kunden zutraut, auch mal mit zwei Stunden Ausfall leben zu können.“

16.2 Ihre Aufgabe als ISB

ISO/IEC 27001 Anhang A.5.8 Informationssicherheit im Projektmanagement

Brauchen wir immer und überall Hochverfügbarkeit?

Wenn es um Menschen-, Tier- und Pflanzenleben, also das Leben auf unserem Planeten geht, dann sollte Hochverfügbarkeit an erster Stelle stehen, koste es was es wolle. Aber sonst?

Versuchen Sie als ISB gemeinsam mit Ihren Kollegen kreative Wege zu finden, die ein Stück weit weg von Hochverfügbarkeit gehen.

ISO/IEC 27001 Kap. 7.2 Kompetenz

Ich empfehle Ihnen außerdem, blocken Sie einige Stunden Ihrer Arbeitszeit für Freiräume und vor allem für Ihre Weiterbildung.

Manche ISBs bilden sich im Thema Penetration Tests[12] weiter, andere in IT-Forensik[13] oder Kryptographie[14].

Nutzen Sie die Zeit, in der Sie einmal nicht hochverfügbar sein müssen, zur Entwicklung Ihrer ISB-Fertigkeiten.

In den Organisationen, in denen tatsächlich Hochverfügbarkeit nötig ist, wird die Infrastruktur meist mehrfach redundant aufgebaut und Daten permanent gespiegelt und synchronisiert.

Ein Seminarteilnehmer berichtete einmal, dass Drohnen-Systeme in Kriegsgebieten manchmal bis zu achtfach redundant vorgehalten

---

[12] Penetration Tests sind gewollte Eingriffe in Systeme, um Schwachstellen zu identifizieren
[13] IT-Forensik dient bspw. der nachträglichen Ermittlung von möglichen Straftaten im IT-Bereich
[14] Kryptographie dient dem Schutz von Vertraulichkeit und Authentizität von übertragenen oder gespeicherten Daten

werden, um keine Sekunde Sichtschutz auf die Kameraden zu verlieren.

17 Kommunikation

Wir können nicht auf Kommunikation verzichten. William Shakespeare[15] formulierte es einmal so:

> *„Wenn alle Menschen nur dann redeten, wenn*
> *sie etwas zu sagen haben, würden sie bald den*
> *Gebrauch der Sprache verlieren."*

Aus diesem Grund, weil wir die Kommunikation lieben und ständig nutzen, braucht es auch gewisse Grundregeln.

Sie als ISB haben die Aufgabe, Vorschläge für eine gelungene Kommunikation zu Informationssicherheitsthemen zu geben.

Die folgenden Beispiele zeigen Ihnen eine Kommunikation, bei der die fehlenden Regelungen zu Kundenverlust führten.

17.1 Praxisbeispiel: Unzuverlässige Kommunikation

Ein ISB klagt über einen Mitarbeiter mit Erinnerungslücken.

> *T34M-L34D: „Wir hatten uns intern bereits für*
> *eine Netzwerklösung entschieden und*

---

[15] William Shakespeare, Dramatiker, Lyriker und Schauspieler, 1564-1616

*abgestimmt, dass wir diese dem Kunden
anbieten werden.*

*Als der Kunde dann zur Präsentation kam, meinte
ein Mitarbeiter, dass diese Umsetzung nicht
funktioniert.*

*Als wir ihm zu verstehen gaben, dass doch schon
einmal alles abgestimmt war, bestritt er dies vor
dem Kunden.*

Der Kunde ging daraufhin.

*Einige Stunden später kam der Mitarbeiter zu uns
und meinte, sich zu erinnern, dass wir ja doch
schon mal diese Netzwerklösung für geeignet
gehalten hätten.*

*Da war es aber bereits zu spät. Der Kunde hatte
kein Vertrauen mehr zu uns."*

17.2 Ihre Aufgabe als ISB

Die ISO/IEC 27001 fordert in Kapitel » 7.4 Kommunikation« die
Aufstellung von Kommunikationsregeln und listet dabei ganz klar
folgende Aspekte der Regeln auf:

ISO/IEC 27001 Kap. 7.4
Kommunikation

- Worüber soll kommuniziert werden?
- Wann soll kommuniziert werden?
- Wer soll mit wem kommunizieren?
- Wie soll die Kommunikation vorgenommen werden?

Ihre Aufgabe ist hierbei, genau auf diese Fragen Antworten zu finden und Ihren Kollegen vorzustellen. Sicherlich werden diese Änderungswünsche haben. Egal wie das Ergebnis am Ende aussieht, Sie werden gemeinsame Regelungen treffen.

Einige Organisationen haben dafür Excel-Tabellen entwickelt. Andere verwenden Word-Dateien.

In einem Projekt oder bei Kundenangeboten muss immer klar sein, wer mit dem Gegenüber kommuniziert. Wie im obigen Beispiel, dass ein Mitarbeiter vor dem Kunden andere Aussagen treffen kann, muss unterbunden sein.

Für einen Kunden wirkt die Kommunikation auf Ihrer Seite sonst sehr unzuverlässig und nicht nachvollziehbar. Kein Kunde wird bei so einem Anbieter Produkte oder Dienstleistungen kaufen, wenn er nicht muss.

17.3 Praxisbeispiel: Lieferanten-Forderung

Bericht eines ISBs über einen externen Berater:

> *T34M-L34D: „Ich war mal verantwortlich für die Installation eines virtuellen Netzwerkes. Da ich damit noch keine Erfahrungen hatte, habe ich eine externe Beratungsfirma beauftragt, uns dabei zu unterstützen.*
>
> *Zum Start des Projektes kamen mehrere externe Berater zwei Tage zu uns und führten ganztägig Planungsgespräche durch. Wir kamen gut voran.*

*Am Ende des zweiten Tages reiste dann auch der
Kundenmanager an, stellte sich uns vor und tat
äußerst wichtig!*

*Ohne überhaupt nach dem Stand zu fragen,
nahm er seinen rechten Zeigefinger, malte einen
Kreis in die Luft, tippte dann lautstark mit dem
Finger auf die Tischplatte und sagte dazu:*

*„So, jetzt drücken wir hier mal den Pausenknopf!
Jetzt sind Sie an der Reihe. Sie liefern uns, was Sie
wollen, welche Server Sie brauchen, welches
Netzwerk Sie bauen wollen und eine Machbar-
keitsstudie. Und danach werden wir weiter-
sehen."*

*Die Planungsgespräche waren damit beendet
und der gesamte Prozess stoppte.*

*Wir nahmen uns anschließend ein anderes
Beratungsunternehmen."*

17.4 Ihre Aufgabe als ISB

Achten Sie darauf, wenn Sie auf Lieferantenseite stehen, wie Ihre
Kommunikation auf den Kunden wirkt. Auch wenn die ISO/IEC
27001 einen angemessenen Umgangston nicht explizit fordert,
empfehle ich Ihnen, Ihre Kollegen auf die Wirkung von
Kommunikation hinzu-weisen. Nicht nur »Wer mit Wem, Wann und
Worüber«, sondern vor allem das »Wie« entscheidet.

18 Sicherheit der Verkabelung

ISO/IEC 27001 Anhang
A.7.12 Sicherheit der
Verkabelung

Selbst so scheinbar unwichtige Dinge, wie die Verkabelung ist in der ISO/IEC 27001 geregelt.

Genannt werden da beispielsweise Kabel, die zur Telekommunikation oder der Stromversorgung dienen. Dabei sollen alle Kabel vor Unterbrechung, Störung oder Beschädigung geschützt werden.

Was in der ISO/IEC 27001 nicht explizit vorgegeben wird, ist die Art der Kabel. Deshalb sollten Sie für diese Aufgabe immer kompetente Mitarbeiter oder Berater mit der Planung beauftragen.

18.1 Praxisbeispiel: Rechenzentrum-Neubau

Klage eines ISBs zur Umsetzung des neuen Rechenzentrums:

> *T34M-L34D: „Unser Netzwerker hat für uns das Netzwerk zum Neubau geplant. Im Neubau wurde unser zweites Rechenzentrum aufgebaut.*
>
> *Als Übertragungsrate hatten wir uns 10 Gigabit[16] gewünscht.*
>
> *Nachdem das neue Rechenzentrum stand und wir die Tests durchführten, fiel auf, dass wir nur etwa*

---

[16] 10 Gigabit Übertragungsleistung pro Sekunde

*ein Gigabit als Übertragungsrate zur Verfügung
hatten.*

*Das Problem wurde untersucht und auch unsere
Lieferanten mussten Erklärungen liefern.*

*Am Ende stellte sich heraus, dass unser
Netzwerker falsche Kabel geplant hatte.*

*Er hatte sich für Multikabel, also Multimode
Glasfaserkern[17] entschieden, um mehr Daten auf
einmal zu übertragen.*

*Da der Neubau aber etwa eintausendfünfhundert
Meter vom Altbau steht, wäre Singlekabel, also
Singlemode Glasfaserkern[18] geeigneter gewesen.*

*Bei der Diskussion meinte der Netzwerke später,
dass er nicht gewusst hätte, dass der Neubau
soweit vom Altbau stehen wird."*

---

[17] Multimode Glasfaserkern: großer Durchmesser des Glasfaserkerns.
Höhere Bandbreite und Datenübertragungsrate. Signalverschlechterung
ab etwa einem Kilometer.
[18] Singlemode Glasfaserkern: kleiner Durchmesser des Glasfaserkerns.
Anzahl der gleichzeitigen Übertragungen drastisch reduziert, dafür aber
schneller und über weitere Strecken. Weniger Datenfehler auf weiteren
Strecken.

18.2 Ihre Aufgabe als ISB

ISO/IEC 27001 Anhang A.5.8 Informationssicherheit im Projektmanagement

Als ISB könnten Sie als erstes eine Bestandsaufnahme zur Verkabelung durchführen. Ziel sollte sein, dass Sie sich einen Überblick verschaffen, welche Kabel verwenden wir für den Strom- oder Datentransport und welche dienen der Telekommunikation?

Bei einem Neubau müssten Sie darauf achten, welche Anforderungen in den letzten Jahren zu Ihren bestehenden Anforderungen mittlerweile dazu gekommen sind. Eventuell müssen Sie nun auch andere Bedrohungen oder Gefährdungen in Ihre Planung einbeziehen.

Viele Organisationen erstellen Netzstrukturpläne, in denen sie Kabelverläufe in unterschiedlichen Farben darstellen, je nachdem was konkret übertragen wird.

In Rechenzentren ist es üblich, die Kabel zu beschriften und zu dieser Beschriftung eine Dokumentation anzufertigen. Die beschrifteten Kabel werden auch gern fotografiert und die Fotos in Arbeitsanleitungen eingesetzt.

Bei Neubauten werden Kabel in Serverräumen oft als Kabelbaum aus den Zimmerdecken herausgelassen. Dies ermöglicht einen aufgeräumten Raum und Datenfluss.

ISO/IEC 27001 Anhang A.7.12 Sicherheit der Verkabelung

Wenn Sie die Verkabelung in Büros begutachten, sollten Sie darauf achten, dass keine Stühle auf Kabeln stehen oder über diese rollen müssen. Auch sollten Kabel nicht quer durch Räume verlegt sein, um nicht zur Stolperfalle zu werden.

Ich habe aber auch schon von der Decke hängende Verkabelung gesehen.

An normalen Steckdosen sollten wir nicht gleichzeitig wichtige IT-Technik und Wasserkocher anschließen, um keine Überlastung [19] zu riskieren.

Bei meinem früheren Arbeitgeber gab es eine Zeit, in der wir in allen Büros Steckdosenleisten hatten, in denen wir die PCs, Drucker und Wasserkocher ansteckten. Jeder Mitarbeiter besaß in der Regel eine Steckdosenleiste.

Regelmäßig am Morgen flogen die Sicherungen raus, wenn die meisten Mitarbeiter zur Arbeit kamen, ihre Rechner hochfuhren und Wasser und Kaffee kochten.

Irgendwann gab es dann die Anweisung, dass IT-Technik nur noch an rote Steckdosen, die besonders gegen Überlastung und Überspannung[20] geschützt waren, angestöpselt werden dürfen und Küchengeräte weiterhin über Steckdosenleisten.

---

[19] Überlastung kann entstehen, wenn zu viele Geräte an einer Steckdose Strom abnehmen und dadurch zu einem höheren Stromfluss und somit zur Überhitzung führen
[20] Überspannung kann durch Blitzeinschlag auftreten und die IT beschädigen

19 Informationssicherheitsereignisse

Stellen Sie sich vor, es gäbe keinerlei Ereignisse in unserem Leben. Über was könnten wir noch berichten?

Ich für meinen Teil liebe es, wenn mir ISBs von ihren Informationssicherheitsereignissen berichten.

19.1 Praxisbeispiel: Gehackter Computer

Bericht eines Seminarteilnehmers über ein Informationssicherheitsereignis:

> *T34M-L34D: „Vor einigen Wochen bemerkte ein Mitarbeiter, dass er seine Maus nicht mehr unter Kontrolle hatte. Sie bewegte sich willkürlich über den Bildschirm und hielt zwischendurch immer mal an, um sich gleich darauf wieder extrem schnell weiter zu bewegen.*
>
> *Er rief seine Kollegen zu sich, um ihnen den Zustand zu zeigen. Schnell einigte man sich darauf, dass sein Computer gehackt worden sei und man den Admin anrufen müsse.*
>
> *Der Admin kam kurze Zeit später, sah sich den Bildschirm schweigend an und verließ die aufgelöste Gruppe.*

Zeichnung 3: Gehackter Computer

Wenige Augenblicke später traf er wieder ein. Er
zog das Maus-Kabel ab, steckte ein neues Kabel
mit neuer Maus an und der Spuk war vorbei."

19.2 Ihre Aufgabe als ISB

Wenn Ihre Kollegen sich bei ungewöhnlichen Ereignissen an Sie wenden, haben Sie alles richtig gemacht.

ISO/IEC 27001 Anhang A.6.8 Meldung von Informations-sicherheitsereignissen

Auch wenn sich im Nachgang zeigt, dass ein Ereignis doch keine echte Bedrohung war, sollten Sie sich bei den meldenden Kollegen bedanken.

Es gibt Organisationen, die haben dafür sogar ein Belohnungs-system etabliert. Bei dem mir bekannten System erhalten Mitarbei-tende Punkte für den »Besuch von Awareness-Veranstaltungen«, das »Lösen von ISMS-Quizfragen« sowie das »Melden von Infor-mationssicherheitsereignissen«. Die Punkte werden anschließend den jeweiligen Teams gutgeschrieben und das Team mit der höchsten Punktzahl bekommt Gutscheine für Bowling, Mittagessen oder den Pizza-Lieferdienst.

Überlegen Sie sich, ob bei Ihnen möglicherweise auch ein Belohnungssystem Sinn machen würde.

19.3 Praxisbeispiel: Herabfallende Deckenplatten

Ein ISB berichtet von einem Sicherheitsvorfall:

> *T34M-L34D: „Vor einigen Wochen hatten wir einen Sicherheitsvorfall."*
>
> *Interviewer: „Was ist passiert?"*
>
> *T34M-L34D: „Bei uns ist eine Deckenplatte im Gang heruntergekracht."*
>
> *Interviewer: „Wurde jemand verletzt?"*
>
> *T34M-L34D: „Nein, zum Glück nicht, aber es hätte jederzeit passieren können."*
>
> *Interviewer: „Woran lag es?"*
>
> *T34M-L34D: „Wir haben festgestellt, dass kurz vorher bei uns eine Rauchmelder-Überprüfung durchgeführt worden war und anscheinend danach die Deckenplatten nicht mehr korrekt angebracht worden sind.*
>
> *Wir haben anschließend alle anderen Deckenplatten, über denen auch Rauchmelder*

hängen, überprüft und konnten noch eine
weitere lockere Deckenplatte finden.

Als Gegenmaßnahme haben wir dann sofort eine
Arbeitsanleitung für die Rauchmelder-
Überprüfung erstellt und Grafiken des
Deckenplatten-Herstellers verwendet, um zu
zeigen, wie die Platten korrekt eingehängt
werden müssen. "

19.4 Ihre Aufgabe als ISB

Auch wenn wir meinen, einige Ereignisse scheinen auf den ersten Blick gar nichts mit Informationssicherheit zu tun zu haben, könnte es dennoch sein, dass die Verkettung unglücklicher Zufälle am Ende doch zu einem Informationssicherheitsvorfall führt.

ISO/IEC 27001 Anhang A.6.8 Meldung von Informations-sicherheitsereignissen

Stellen Sie sich vor, eine Deckenplatte trifft einen Ihrer Kollegen und dieser fällt aus diesem Grund mehrere Wochen aus. Seine Leistung wäre somit längere Zeit nicht verfügbar.

Bei allen gemeldeten Ereignissen sollten Sie als ISB prüfen, ob Aspekte der Informationssicherheit betroffen sein könnten und falls sich dies bestätigt, müssen Sie das Ereignis in Ihren Risiko-analysen bewerten und möglicherweise sogar Gegenmaßnahmen ergreifen.

20 Videoüberwachung

Eines ist uns klar, Videoüberwachung in der Informationssicherheit dient in erster Linie der nachträglichen Aufklärung.

Eine Videoüberwachung, die tagein, tagaus die gleiche Straße, das gleiche Tor, den gleichen Gang zeigt, wird nach kurzer Zeit uninteressant.

Videoüberwachung dient der Abschreckung potenzieller Täter, also wird kein wissender Täter gegen Regeln verstoßen.

Unwissende Täter werden dann aktiv, wenn sie glauben, unbeobachtet zu sein und in der Regel keine Mitarbeiter oder Bewohner in der Nähe sind.

Es macht meiner Meinung nach wenig Sinn, Mitarbeiter den ganzen Tag zu filmen. Einerseits müsste der enorme Umfang des Videomaterials regelmäßig und zeitnah überprüft werden, wenn es keinen Überwachungsdienst gibt, der sowieso ständig auf Bildschirme blickt. Andererseits verstoßen Sie eventuell gegen Persönlichkeitsrechte.

Sinn macht es deshalb aus meiner Sicht nur bei Leitstellen, die die Kamerapositionen ständig im Blick haben und bei denen sich beispielsweise Lieferanten per Gegensprechanlage und Video

authentisieren müssen und zweitens, wenn man die Videoauf-
nahmen nach Vorfällen als Beweismittel einsetzen möchte.

20.1 Praxisbeispiel: Überwachung rund um die Uhr

Bericht eines ISBs über die neue Videoüberwachung:

*T34M-L34D: „Letzten Monat wurde ich vom
T34M-BO$$ darüber informiert, dass bei uns
demnächst Videoüberwachung von zuhause aus
möglich sein soll.*

*Ich habe ihm erklärt, dass das aus Datenschutz-
gründen nicht erlaubt ist. Er ließ sich aber nicht
umstimmen.*

*Am nächsten Tag erzählte mir mein Mitarbeiter,
er hätte die Aufgabe von ganz oben erhalten, die
Videoüberwachung so einzurichten, dass man zu
jeder Uhrzeit von jedem Standort aus, in alle
unsere Räume und Gänge sehen kann.*

*Ich habe meinem Mitarbeiter gesagt, dass ich
dagegen bin und nicht die Verantwortung dafür
übernehmen werde.*

*Mein Mitarbeiter hat die Aufgabe dann trotzdem
umgesetzt und nun kann man bei uns alles
überwachen und die Videos können über das
Internet angeschaut werden. Weltweit könnte*

20.2 Ihre Aufgabe als ISB

ISO/IEC 27001 Anhang A.5.34 Datenschutz und Schutz personenbezogener Information

Wie eingangs schon erwähnt, macht es aus meiner Sicht keinen Sinn, die Mitarbeiter ganztags zu filmen. Von anderen Datenschutzaspekten einmal ganz abgesehen. Die Verarbeitung und Speicherung personenbezogener Daten muss ja einem Zweck untergeordnet sein. Kann dieser nicht nachgewiesen werden, drohen der Organisation wahrscheinlich sogar Bußgelder, falls sich ein Mitarbeiter bei einer Dienstaufsichtsbehörde beschwert.

Anhand Ihrer Risikoanalysen muss hervorgehen, welche Risiken Sie mit einer Videoüberwachung mindern wollen.

Wenn Sie beispielsweise hoffen, durch Videoüberwachung einen gesicherten Zugang zu erhalten, irren Sie sich. Wenn Sie nicht umgehend auf einen unbefugten Zutritt reagieren können, erreichen Sie keine höhere Zutrittssicherheit. Aber im Nachgang könnten Sie überprüfen, wer sich um welche Uhrzeit unbefugten Zutritt verschafft hat.

21 Monitoring

Mit was startet man direkt nach dem ersten Informationssicherheitsvorfall? Sie wissen es! Natürlich mit dem Monitoring. Man überlegt, welche Überwachung wäre nötig gewesen, die bereits im Vorfeld diesen speziellen Vorfall hätte verhindern können.

Ich denke, Monitoring wird keine Vorfälle verhindern können. Aber jedes Ereignis macht uns stärker und wir werden weitere Maßnahmen umsetzen, um unsere Sicherheit zu erhöhen. Deshalb bleibt Monitoring ein wichtiges Instrument zur Bewertung unseres aktuellen Zustandes oder eines Vorfalls.

21.1 Praxisbeispiel: Bitcoin-Mining

Bericht eines ISBs im Audit zum Thema Überwachung:

> *T34M-L34D: „Wir haben in den letzten Monaten die Auslastung der Client-Rechner gemonitort, um festzustellen, weshalb es während der Ruhephasen, also Pausen und Feierabend, nicht zu weniger Auslastung kommt.*
>
> *Dabei fiel uns auf, dass einer unserer Client-Rechner nie in eine Ruhephase wechselte.*
>
> *Als wir den Client-Rechner untersuchten, fiel uns dann auf, dass auf dem Rechner eine Software*

21.2 Ihre Aufgabe als ISB

ISO/IEC 27001
Kap. 9.1 Überwachung,
Messung, Analyse und
Bewertung

In Ihrer Risikoanalyse haben Sie verschiedene Risiken identifiziert, gegen die Sie in der nächsten Zeit mit Gegenmaßnahmen vorgehen werden.

Diese Gegenmaßnahmen müssen Sie zeitlich terminieren und einem Verantwortlichen zuordnen.

Wer soll beispielsweise die Kabel im Serverraum beschriften und bis wann. Welches Ziel soll damit erreicht werden? Vielleicht eine

---

[21] Beim Bitcoin-Mining (ugsprünglich Goldschürfen) stellt man die Rechenleistung seines Computers zur Verfügung, um Algorithmen beispielsweise im Geldtransfer berechnen zu lassen. Dabei ist das Bitcoin-Netzwerk stets synchronisiert. Mindestens fünfzig Prozent aller Miner kennen die echten Geld-Transferleistungen und synchronisieren diese Informationen ständig mit anderen Minern. Wird das Miner-Netz gehackt und eine Gruppe schafft es, mehr als fünfzig Prozent der Miner für sich arbeiten zu lassen, könnte diese Gruppe fehlerhafte Geldtransferleistungen einschleusen, synchronisieren und anschließend große Mengen an Bitcoins abzweigen. Momentan ist beim Mining der hohe Stromverbrauch noch das größte Problem.

höhere Kabelsicherheit und dadurch eventuell auch eine höhere Verfügbarkeit?

Verfügbarkeit ist eines Ihrer Hauptziele. Es sollte in Ihrer Politik enthalten sein. Um Ihre Hauptziele zu erreichen, müssen Sie viele kleine Etappenziele erreichen. Die Planung dieser kleinen Ziele wird im Kapitel »6.2 Informationssicherheitsziele« gefordert. Sie erreichen diese durch einzelne Sicherheitsmaßnahmen.

ISO/IEC 27001 Kap. 5.2 Politik

Die Bestimmung von Maßnahmen erfolgt in Ihrer Risikoanalyse. Hier wählen Sie Maßnahmen aus, um ermittelte Risiken zu mindern beziehungsweise zu mitigieren.

ISO/IEC 27001 Kap. 6.2 Informationssicherheitsziele und Planung zu deren Erreichung

Alle Ihre ausgewählten Maßnahmen tragen Sie in Ihren Maßnahmenplan ein. Achten Sie darauf, dass jede Maßnahme mit einem Zieldatum und einem Verantwortlichen hinterlegt wird. So überwachen Sie Ihre Ziele und den Umsetzungsstatus der Maßnahmen.

Sie sollten angeben, woher die Maßnahme stammt. Mögliche Ursprünge sind beispielsweise:

- Risikoanalysen,
- Informationssicherheitsvorfälle,
- Audits,
- Verbesserungsmöglichkeiten oder
- Projekte.

Ein grobes Beispiel für einen Maßnahmenplan sehen Sie in nachfolgender Tabelle. Sie müssten die umzusetzende Maßnahme natürlich etwas deutlicher formulieren, als im Beispiel gezeigt:

   Tabelle 2: Beispiel für einen Maßnahmenplan

Maßnahme-Nr.	1	2	3	4
Herkunft	Risiko-analyse	Internes Audit	IS-Vorfall	Verbesserung
Herkunfts-Nr.	R108	IA22-10	INC53	KVP12
Ziele				
Verfügbarkeit	X	X		
Vertraulichkeit				X
Integrität				X
Authentizität			X	
Maßnahme	Xyz...	Xyz...	Xyz...	Xyz...
Norm-Verweis	A.8.14	A.7.10	A.7.6	A.5.34
Verantwortlich	VN	VN	VN	VN
Termin	01/23	10/22	08/22	03/23

ISO/IEC 27001 Anhang A.8.7 Maßnahmen gegen Schadsoftware

Um zu erkennen, ob sich Schadsoftware in Ihrem System breit macht, können Sie Firewall und Virenscanner überwachen.

Als ISB sollten Sie immer wieder Sensibilisierungsmaßnahmen in der Belegschaft durchführen, um diese vor möglichen und aktuellen Viren oder Trojanern zu warnen.

22 Entsorgung von Datenträgern

Zum Thema Datenentsorgung möchte ich Ihnen ein Zitat von Martin Gerhard Reisenberg[22] geben:

> *„Keine Bange, ungesicherte Daten suchen sich*
> *ihre Adressaten wie von selbst."*

22.1 Praxisbeispiel: Überfüllter Sicherheitscontainer

Während eines Audits werden die Zugänge in einer Leitzentrale erläutert.

> *T34M-L34D: „Der Zugang ist bei uns über eine*
> *Vereinzelungsanlage mit Überwachungskamera*
> *gesichert."*

In der Leitzentrale werden durch den ISB die einzelnen Arbeitsplätze erläutert.

> *T34M-L34D: „Im Pausenbereich der Leitzentrale*
> *befindet sich auch unser verschließbarer*
> *Sicherheitsbehälter für vertrauliche Dokumente.*

---

[22] Martin Gerhard Reisenberg, Diplom-Bibliothekar

Der Papier-Einwurfschlitz klemmt. Weiteres Papier ist sichtbar.

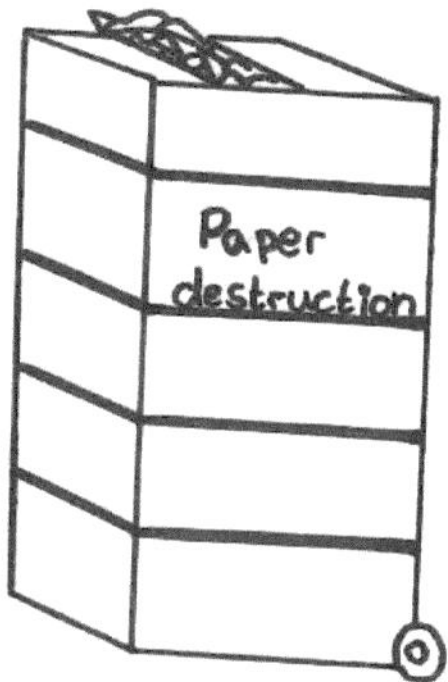

Zeichnung 4: Gut gefüllter Sicherheitscontainer

*Interviewer: „Die Tonne scheint überfüllt. Die
sollten Sie mal abholen und leeren lassen."*

*T34M-L34D: „Ja, die müsste mal geleert werden.
Wir wissen nur nicht wie. Wegen der
Vereinzelungsanlage können wir sie nicht aus der
Leitzentrale schaffen."*

*Interviewer: „Und wie ist die Tonne in die
Leitzentrale gelangt?"*

*T34M-L34D: „Die Papiertonne wurde direkt nach
Produktivstart der Leitzentrale aufgestellt und*

einige Monate später kam dann der Einbau der
Vereinzelungsanlage dazu."

Interviewer: „Sie meinen, Sie können keine Groß-
Geräte mehr aus der oder in die Leitzentrale
bringen?"

T34M-L34D: „Ja, so ist es."

Interviewer: „Und was ist mit Fluchtwegen?"

T34M-L34D: „Klappt nur, wenn die
Vereinzelungsanlage intakt ist, also nicht
blockiert ist."

22.2 Ihre Aufgabe als ISB

Organisationen, die mit verschließbaren Sicherheitsbehältern arbeiten, sind bereits sehr gut aufgestellt. Die gefüllten Tonnen werden in der Regel turnusmäßig von einem Standard-Lieferanten, beispielsweise Firma REISSWOLF abgeholt und fachgerecht entsorgt.

ISO/IEC 27001 Anhang A.7.10 Speichermedien / Datenträger

Ihre Aufgabe ist es, stichprobenartig nach den Papiertonnen, Schreddern und Papierkörben zu sehen.

Fällt Ihnen an einer Stelle auf, dass Papier nicht ordnungsgemäß entsorgt wurde, weisen Sie die Kollegen darauf hin. Melden Sie auch einen überfüllten Sicherheitscontainer.

Achten Sie darauf, dass alle Personen wissen, wo sich Papiertonnen oder Schredder befinden. In manchen Organisationen werden die Standorte der Entsorgungsgeräte im Etagenplan dargestellt.

Prüfen Sie auch, ob alle geplanten Fluchtwege frei zugänglich sind. Bei meinen Rundgängen finde ich auf besagten Fluchtwegen häufig Verpackungsmaterial, noch nicht ausgepackte Lieferungen, Getränkekästen oder alte Bürostühle vor.

23 Maßregelung

Ohne irgendwelche Konsequenzen nach Zuwiderhandlungen werden wir uns nicht an ein von außen gewünschtes Verhalten anpassen.

23.1 Praxisbeispiel: Maßregelungsprozess

Klage eines Geschäftsführers zum Thema Maßregelungsprozess:

> *T34M-BO$$: „Wissen Sie, wir wollen hier keinen Maßregelungsprozess bei uns einführen. Wir haben hier so eine tolle Atmosphäre und wollen das nicht durch solche Sachen kaputt machen."*

23.2 Ihre Aufgabe als ISB

Natürlich müssen nicht Sie sich neue Disziplinarmaßnahmen für Ihre Kollegen ausdenken!

ISO/IEC 27001 Anhang A.6.4 Maßregelungsprozess

Versuchen Sie gemeinsam mit der Personalabteilung pragmatische Ansätze zu definieren, falls es bei Ihnen noch gar keine disziplinarischen Maßnahmen gibt.

Erste Vergehen oder Meldungen zu Informationssicherheitsereignissen, sollten nie zu einer Abmahnung führen.

Eine erste Maßnahme bei einem Fehlverhalten könnte sein, den Mitarbeitenden aufzufordern, aktiv Vorschläge zu machen, wie sein Fehler hätte über technische Mittel verhindert werden können.

In der folgenden Tabelle sehen Sie zwei Beispiele:

Tabelle 3: Gegenüberstellung von Fehlverhalten mit technischem Verbesserungspotential

Beispiel	1	2
Inhalt einer Richtlinie	Passwörter sind geheim zu halten.	Es sind 8-stellige Passwörter zu verwenden.
Fehlerverhalten	Eine Person hat ihr Passwort an den Monitor geklebt.	Eine Person nutzt ein 3-stelliges Passwort.
Technische Verbesserungs-möglichkeit	Keine	Systemseitige Ablehnung von zu kurzen Passwörtern.
Maßnahme	Nachbelehrung des Personals	Konfiguration des Systems

Es wäre meiner Meinung nach sinnvoll, den Maßregelungsprozess als Verbesserungsprozess zu etablieren und die Belegschaft aktiv in diesen Prozess einzubinden.

24 Sicherheit von Netzwerkdiensten

Systeme, die netzartig aufgebaut sind und deren Verbindungen über Kabel oder drahtlos bestehen, werden Netzwerke genannt.

Dienste, die in diesen Netzwerken arbeiten, müssen vor Störungen geschützt sein.

24.1 Praxisbeispiel: WLAN für Jalousien und Beleuchtung

Ein ISB berichtet von einem Internen Audit:

> *T34M-L34D: „Beim letzten Internen Audit haben wir zufällig festgestellt, dass das WLAN-Tool für unsere Jalousien und Beleuchtungen noch im Ur-Zustand war.*
>
> *Als Username und Kennwort waren ›admin‹ und ›password‹ vorinstalliert und keiner hatte es bis dahin gemerkt. Eigentlich hätte der T34M-ADMIN das bei Inbetriebnahme sofort ändern müssen.*

24.2 Ihre Aufgabe als ISB

ISO/IEC 27001 Anhang A.8.21 Sicherheit von Netzwerkdiensten

Achten Sie als ISB darauf, dass keine Standardpasswörter in Systemen genutzt werden. Lassen Sie sich von den Administratoren erläutern und zeigen, wie sie eine Passwortänderung erzwingen.

---

[23] SSID – Service Set Identifier, steht für den Namen des WLAN-Netzwerkes

25 SoA – Statement of Applicability

Stellen Sie sich vor, Sie haben bereits das ISO/IEC 27001-Zertifikat an der Wand hängen und müssten nun einem potenziellen Kunden erläutern, welche Sicherheitsmaßnahmen aus dem »Anhang A« der ISO/IEC 27001 Sie beim ISMS-Aufbau alles umgesetzt und wofür Sie dieses Zertifikat erhalten haben.

ISO/IEC 27001 Kap. 6.1.3 d) Erklärung der Anwendbarkeit

Wäre es dann nicht angenehm, Sie könnten irgendein ›x‹-beliebiges Dokument hervorzaubern, aus dem der Kunde auf den ersten Blick alle seine Fragen beantwortet bekommt, ohne dass Sie ihm alles bis ins letzte Detail erläutern müssten.

Genau für diesen Moment erstellen Sie Ihre SoA. Sie gibt einen schnellen Überblick, welche Sicherheitsmaßnahmen von Ihnen in Ihrer Organisation in Arbeit oder bereits umgesetzt sind.

Der zweite Grund für die Erstellung einer SoA ist die Zertifizierung. Die Version und das Freigabedatum Ihrer SoA wird auf dem ISO/IEC 27001-Zertifikat dokumentiert.

25.1 Praxisbeispiel: Streng geheime SoA

Hier finden Sie ein älteres Praxisbeispiel, das aber möglicherweise auf die Zukunft übertragen werden kann.

Im Zertifizierungsaudit wird das ISO/IEC 27001:2013-Zertifikat eines wichtigen Lieferanten überprüft. Die SoA-Version, die als Basis für die Zertifizierung verwendet wurde, ist aus dem Jahr 2013. Das Zertifikat selbst ist aus dem Jahr 2016.

> *Interviewer: „Die SoA-Version ist aus dem Jahr, in dem die ISO/IEC 27001 veröffentlicht wurde. Es verwundert, dass der Auditor keine aktuellere SoA-Version gefordert hat. Aber wichtig ist, dass nicht zu viele Ausschlüsse enthalten sind, die für Ihre beauftragte Dienstleistung relevant sind.*
>
> *Vielleicht fragen Sie gleich mal bei Ihrem Lieferanten an, ob er Ihnen die SoA zeigen kann."*

T34M-L34D ruft seinen Lieferanten während des Zertifizierungsaudits an und fragt, ob er die SoA einsehen könnte und erhält eine prompte Antwort.

> *T34M-EXTERN: „Die SoA ist ein streng geheimes Dokument und nur für den Auditor bestimmt."*

T34M-L34D informiert seinen Lieferanten per Telefon darüber, dass bei ihm gerade das Zertifizierungsaudit läuft und gibt dem Lieferanten den Hinweis, dass die SoA zum Zertifikat gehört und für ihn, als Kunde eigentlich die Ausschlüsse interessant sind. Aber er teilt seinem Lieferanten auch mit, dass ihn das SoA-Alter zum Zertifikatszeitpunkt wundert.

> *T34M-EXTERN: „Wir wissen nicht, wann und wie oft die Zertifizierungsstelle die SoA-Version*

25.2 Ihre Aufgabe als ISB

Gleich vornweg, die SoA ist ein internes Dokument, das selbstverständlich zum Zertifikat gehört. Die Versionsnummer und das Freigabedatum der SoA werden auf das Zertifikat gedruckt, um Kunden die Zertifizierungsbasis deutlich zu machen.

Die SoA wird nach dem Zertifizierungsaudit dem Zertifizierungsauditor übergeben, der es der Zertifizierungsstelle weiterleitet, damit diese die Zertifizierungsbasis als dokumentierten Nachweis aufbewahrt.

Auch die zertifizierte Organisation muss genau diese SoA-Version zum Nachweis aufbewahren und auf berechtigtes Verlangen vorzeigen können. Kunden haben immer ein berechtigtes Verlangen, Ihre SoA einzusehen.

Wenn Ihnen wichtig ist, dass Ihre Kunden Ihnen gegenüber weiterhin Vertrauen haben, sollten Sie Ihre SoA dem Kunden zeigen. Sie müssen die SoA nicht per Mail verschicken. Aber Sie sollten dem Kunden anbieten, ihm die SoA in Ihrem Haus zu präsentieren.

Eine Verweigerung Ihrerseits gegenüber dem Kunden wird über kurz oder lang dazu führen, dass sich Ihr Kunde andere Lieferanten sucht, die kein Geheimnis aus ihrer SoA machen.

Anhand Ihrer SoA können sich Ihre Kunden ein Bild davon machen, welche Sicherheitsmaßnahmen bei Ihnen bereits ganz oder

ISO/IEC 27001 Kap. 6.1.3 d) Erklärung der Anwendbarkeit

teilweise umgesetzt sind. Fehlen Sicherheitsmaßnahmen aus »Anhang A« könnten Kunden diese Maßnahmen in ihren Vertragsbedingungen Ihnen gegenüber zusätzlich definieren und einfordern.

Ein Beispiel wäre der Sichtschutz an Fenstern. Diese Sicherheitsmaßnahme wird nicht in der ISO/IEC 27001 gefordert. Dennoch fordern viele Kunden aus dem Automotive-Bereich diesen und möchten damit den Prototypenschutz erhöhen.

Die Zertifizierungsstellen vergeben keine Versionsnummern für Ihre SoA. Die Versionierung erfolgt nur bei Ihnen intern. Ein Auditor wird Sie aber bei jedem Besuch nach Ihrer aktuellen SoA-Version fragen. Bei einer ISO/IEC 27001-Zertfizierung beziehungsweise bei der Re-Zertifizierung nach drei Jahren wird stets die aktuelle Versions-nummer Ihrer SoA auf das Zertifikat aufgedruckt und so interessierten Parteien bekannt gemacht.

26 Sichere Anmeldeverfahren

Gibt es sie, die einhundertprozentisch sicheren Anmeldeverfahren? Ich kann es mir nicht vorstellen. Deshalb gehe ich davon aus, dass alle Informationen durch unbefugte Dritte abgegriffen werden könn-ten, wenn Interesse daran besteht.

ISO/IEC 27001 Anhang A.8.5 Sichere Authentifizierung

Aber natürlich versuchen wir die höchstmögliche Sicherheit aufzubauen, um wenigstens die Scriptkiddies[24] und Einbrecher außen vor zu halten.

Gegen potenzielle Innentäter sind allerdings noch keine vollständig wirksamen Sicherheitsmaßnahmen gefunden.

26.1 Praxisbeispiel: Drei-Faktor-Authentifizierung

Bericht eines ISBs über den Rundgang während eines Audits:

> *T34M-L34D: „Bei unserem letzten internen Audit*
> *hatten wir einen Rundgang durch das*
> *Rechenzentrum geplant.*

---

[24] Scriptkiddie – Jugendliche, die ohne große Grundlagenkenntnisse in fremde IT-Systeme eindringen und diese beschädigen

Wir waren zwei interne Auditoren. Uns begleiteten vier IT-Mitarbeiter und eine IT-Administratorin.

Als wir vor der Eingangstür zu unserem Rechenzentrum standen, zog die IT-Mitarbeiterin ihren Mitarbeiterausweis und hielt ihn gegen den Scanner. Der Scanner leuchtete grün auf.

Anschließend legte sie ihre Hand auf den Fingerfächer des Handscanners. Der Handscanner leuchtete rot auf. Sie wiederholte die Prozedur mehrmals, doch der Handscanner blieb rot.

Dann übernahm ein Kollege und auch bei ihm leuchtete der Handscanner rot auf.

Durch die dreifach-Authentifzierung, die wir haben, muss der Mitarbeiterausweis die nötigen Rechte haben, die Handfläche muss bekannt sein und zusätzlich wird am Ende noch ein PIN-Code abgefragt.

Bei beiden Mitarbeitern blockierte das System schon beim zweiten Faktor.

Die Gruppe wurde nervös. Die Kollegen meinten, dass der Zugang am Vormittag noch reibungslos funktioniert hätte.

Plötzlich fiel einem Mitarbeiter auf, dass der Fingerfächer des Handscanners verkehrtherum angebracht war.

Nachdem die Kollegin ihre Hand verdreht auf den Handscanner legte, leuchtete der Handscanner endlich auch grün auf und sie konnte den PIN-Code am Ziffernfeld eingeben.

Zeichnung 5: 3-Faktor-Authentifikation

Es stellte sich heraus, dass ein Kollege sich für das Audit einen Scherz erlaubt und den Fingerfächer wenige Stunden zuvor umgedreht hatte."

26.2 Ihre Aufgabe als ISB

ISO/IEC 27001 Anhang
A.8.5 Sichere
Anmeldeverfahren

Macht es tatsächlich Sinn, eine Drei-Faktor-Authentifizierung aufzubauen, wenn durch wenige Handgriffe das System nicht mehr bedienbar werden kann?

Die Maßnahmen, die Sie umsetzen, sollten immer angemessen sein. Die Zutrittsbeschränkungen sollten keine Berechtigten fehlerhaft ausschließen.

Seien Sie nicht der ISB, der mit maximalen Zutrittssteuerungen und hochkomplexen Vorgängen, die eigentliche Arbeit der Belegschaft blockiert.

Treffen Sie für diese Bereiche keine eigenmächtigen Entscheidungen, sondern stimmen Sie sich mit den Personen ab, die ständig Sicherheitsbereiche betreten müssen und die diese Anmeldeprozeduren möglicherweise stündlich über sich ergehen lassen müssen.

27 Maßnahmen gegen Schadsoftware

Um Mitarbeiter nachhaltig gegen Schadsoftware zu schützen, hilft nur jeden zu schulen und zu sensibilisieren.

ISO/IEC 27001 Kap. 7.3 Bewusstsein

27.1 Praxisbeispiel: Angebliche Privataufnahmen

Erzählung eines Seminarteilnehmers zu einem Sicherheitsereignis:

> T34M-L34D: „Ein Mitarbeiter von uns berichtete
> uns, dass er eine E-Mail erhalten hätte, in der
> stand:

> „Wir haben über deine Kamera ein intimes Video
> von dir aufgenommen. Schicke uns 390 Bitcoins
> oder wir infizieren dein Adressbuch und schicken
> all deinen Arbeitskollegen und Freunden dieses
> Video.“

> Der Mitarbeiter meinte, er hätte die Täuschung
> daran erkannt, weil sein Gerät gar keine
> Videokamera besitzt.“

27.2 Ihre Aufgabe als ISB

ISO/IEC 27001 Anhang A.8.7 Maßnahmen gegen Schadsoftware

Spam-Mails sind in der Regel harmlos, wenn man ihnen keinen Glauben schenkt und sie umgehend löscht.

Sprechen Sie in Ihren Awareness-Veranstaltungen immer wieder Spam-Mails an und geben Sie Ihren Kollegen das Gefühl, dass es in Ordnung ist, wenn Sie Mails unbekannter Herkunft direkt löschen.

Zeigen Sie in Ihren Veranstaltungen auch immer wieder aktuelle Musterfälle beispielsweise von Bewerbermails mit Anhängen, in denen Trojanern vermutet werden oder Virenmails mit Links von angeblichen Behörden.

Sie könnten von der IT-Abteilung einen Quarantäne-Rechner für unbekannte E-Mails zur Verfügung bereitstellen lassen, an den Ihre Kollegen E-Mails zur Prüfung und Bewertung schicken können.

Oder belassen Sie alle E-Mails von unbekannten Absendern mit Anhang in einem Quarantäne-Bereich und informieren den jeweiligen Empfänger, damit er sich entscheiden kann, ob er dem Absender vertraut oder die Mail zur Löschung freigibt.

28 Datenschutz

Ich gebe es zu, mein Herz hängt am Thema Informationssicherheit, nicht aber am Thema Datenschutz. Glücklicherweise kenne ich viele Menschen, die sich gern um Datenschutz kümmern und die ich meinen Kunden, wann immer es nötig ist, empfehlen kann.

Beim Googeln nach dem Begriff »Datenschutz« bin ich auf eine Seite[25] gestoßen, die Verlaufskurven dieses Wortes ab dem Jahr 1600 anzeigt.

Es wird Sie kaum verwundern, dass das Wort »Datenschutz« von 1600 bis etwa 1970 gar nicht im Einsatz war. Danach gab es eine erste Häufigkeitsblüte um 1990 und die beiden nächsten Maxima wurden um 2013 und 2016 erreicht. Im Jahr 2022 wird der jemals höchste gemessene Wert angezeigt.

Wenn wir uns das Datum der ersten Verkündung des Bundesdatenschutzgesetzes am 20.12.1990 ansehen, wird klar weshalb der Begriff »Datenschutz« sich so unerwartet schnell in unseren Wortschatz drängte.

Und natürlich ist auch klar, weshalb dieser Begriff ab etwa 2013 eine zweite Blüte erfuhr. Am 4. Mai 2016 trat die Europäische

EU DS-GVO, in Kraft seit 25.05.2016

---

[25] www.dwds.de, Wort: Datenschutz, Verlaufskurven seit 1600 bis 2022

Datenschutz-Grundverordnung (EU DS-GVO) in Kraft und seit dem 25. Mai 2018 können sogar Bußgelder verhängt werden.

28.1 Praxisbeispiel: Fehlendes Datenschutzrisiko

Bericht eines ISBs zum Audit seines KRITIS-Unternehmens im Energie-Sektor:

T34M-L34D: „Wir sind ein Energieunternehmen im KRITIS-Sektor. Als bei uns das Zertifizierungsaudit nach IT-Sicherheitskatalog durchgeführt wurde, waren vier ISO/IEC 27001- Auditoren anwesend und ein Energiefachexperte.

Als das Thema Risikoanalyse an der Reihe war, wollten die ISO/IEC 27001-Auditoren die technischen Risiken erläutert haben, aber der Energiefachexperte mischte sich ein und meinte, er will zuerst die Risiken zum Datenschutz sehen.

Wir hatten gar keine Datenschutz-Risiken bestimmt, weil wir uns bei der Risikoanalyse auf Störfälle und Anlagen-Ausfälle konzentriert hatten. Die ISO/IEC 27001-Auditoren stimmten uns damit zu.

Aber der Energiefachexperte gab uns eine Abweichung mit der Begründung ab Mai 2018 müssen alle Unternehmen den Datenschutz als höchstes Risiko bewerten. Und er gab an, dies zu

28.2 Ihre Aufgabe als ISB

Achten Sie darauf, dass nicht Sie das Thema Datenschutz übernehmen müssen, wenn Sie dafür keine Ausbildung erhalten haben.

ISO/IEC 27001 Kap. 7.2 Kompetenz

Falls Ihnen ein Datenschutzbeauftragter zur Seite gestellt wird, prüfen Sie, ob er die notwendige Fachkompetenz besitzt. Falls Ihnen im Haus die Kompetenz fehlt, fordern Sie bei Ihrer obersten Leitung einen externen Datenschutzbeauftragten an.

Sie als ISB sind ohne ausreichende Datenschutz-Schulungen meiner Meinung nach nicht in der Lage, die Gründe für Bußgelder richtig einschätzen zu können.

Wenn in einem ISO/IEC 27001-Audit der Datenschutz stärker geprüft wird, als die eigentlichen ISMS-Anteile, sollten Sie den Auditor fragen, woher er seine Auditkriterien bezieht.

ISO/IEC 27001 Kap. 9.2 Internes Audit

Gerade bei KRITIS-Unternehmen im Energiebereich liegt der Schwerpunkt auf der Strom- oder Gas-Versorgung der Bürger und erst nachrangig auf dem Schutz von personenbezogenen Daten.

29 Zertifizierungsaudit

Es gibt kaum schönere Erlebnisse eines ISB als die Zusammenkunft mit einem tiefenentspannten Zertifizierungsauditor, der alle Beweise für die Existenz des ISMS erschnüffelt und für konform befindet.

ISO 19011 Kap. 4 Auditprinzipien

Die ISO 19011 nennt im Kapitel »4 Auditprinzipien« die Prinzipien, an die sich Auditoren halten sollten. Ich verweise in meinen Auditor-Seminaren gern auf dieses Kapitel. Möchten Sie gern wissen, was die eigentliche Aufgabe eines Auditors ist?

Mit meinen Worten übersetzt, fordern die Auditprinzipien von einem Auditor, dass er: »Informationen sammelt, die er Ihnen bereitstellt, auf deren Grundlage Sie handeln und Ihr ISMS verbessern können«.

Wenn Ihr ISMS konform ist und Ihr Auditor keine Nichtkonformitäten entdecken kann, wird er beginnen, die Wirksamkeit[26] Ihrer Maßnahmen und Prozesse zu prüfen. Und wenn alle Ihre Maßnahmen und Prozesse wirksam sind, dann wird der Auditor prüfen, ob er Ihnen Verbesserungsempfehlungen hinsichtlich

---

[26] Wirksamkeit oder Effektivität bedeuten, die eingesetzten Maßnahmen sind wirksam, um ein Ziel zu erreichen.

Effizienz[27] geben kann. Jeder Auditor hat den intrinsischen Wunsch, Ihnen konstruktive Verbesserungsmöglichkeiten aufzuzeigen.

29.1 Praxisbeispiel: Geschenktes Zertifikat

Gespräch in einer ISMS-Beratung vor der geplanten ISO/IEC 27001-Zertifizierung:

Interviewer: „Ich würde mir jetzt gern Kapitel ›9.2 Interne Audits‹ bei Ihnen ansehen. Könnten Sie mir dazu bitte Ihr Auditprogramm zeigen?"

T34M-L34D: „Meinen Sie die Audit-Prozess-Beschreibung?"

Interviewer: „Nein, eine Übersicht, aus der deutlich wird, wann Sie Ihre Audits in den nächsten Monaten und Jahren planen."

T34M-L34D: „Na, so etwas haben wir hier nicht. Haben wir auch noch nie gebraucht. Wo steht das, dass wir diese Übersicht brauchen?"

Interviewer: „Im Kapitel ›9.2 Interne Audits Absatz c‹."

T34M-L34D: „Na, dann muss das etwas ISO/IEC 27001-spezifisches sein, denn unser 9001-

---

[27] Wirtschaftlichkeit oder Effizienz bedeuten, Ressourcen werden sparsam eingesetzt, um ein Ziel zu erreichen.

Der ISB zeigt seinen ISO 9001-Auditbericht und das Zertifikat. Tatsächlich werden keinerlei Nichtkonformitäten erwähnt.

29.2 Ihre Aufgabe als ISB

ISO/IEC 27001 Kap. 10.2 Fortlaufende Verbesserung

Falls Ihnen ein Auditor, warum auch immer, einen Gefallen tun und keine Abweichungen und keine Verbesserungen finden möchte, sollten Sie ihn darum bitten, Ihnen Verbesserungsmöglichkeiten aufzuzeigen. Seine Empfehlungen helfen Ihnen, in den nächsten Monaten Ihr ISMS zu verbessern.

29.3 Praxisbeispiel: 11 Zeichen Passwortlänge

Bericht eines ISBs zum ISO/IEC 27001-Zertifizierungsaudit:

> T34M-L34D: „Wir hatten hier mal ein
> Auditorenteam zu Gast, die unser ISMS
> zertifizieren sollten. Der junge Auditor war noch
> in der Ausbildung.
>
> Er sagte dann plötzlich zu uns: ›Ich kann in Ihrer
> Passwort-Richtlinie gar nicht sehen, dass Sie bei
> Passwörtern elf Zeichen verwenden.‹
>
> Ich erklärte ihm, dass wir die Standard-Windows-
> Komplexität einsetzen und wenn sich diese
> erhöht, sich unsere Passwort-Komplexität
> automatisch ebenfalls erhöht und dass wir uns
> stets an den Standard halten.
>
> Er meinte daraufhin: ›Sie müssen aber
> mindestens elf Zeichen verwenden, weil ich Sie
> sonst hacken kann. Ich bin nämlich auch Hacker
> von Beruf.‹
>
> Der zweite Auditor flüsterte dem jungen Auditor
> zu: ›Wo steht diese Forderung in der Norm?‹
>
> Der junge Auditor erwiderte: ›Weiß ich jetzt
> nicht. Ich weiß aber, dass ich Passwörter unter elf
> Zeichen hacken kann. ‹ “

29.4 Ihre Aufgabe als ISB

Die Norm fordert natürlich an keiner Stelle, dass Sie Ihr System in einer ganz bestimmten Art und Weise umsetzen. Die Norm fordert nur, dass Sie die Maßnahmen regeln, die das ISMS sicherer machen.

Falls Auditoren Ihnen unbekannte Forderungen stellen, können Sie immer rückfragen, woher diese Anforderungen konkret kommen.

Möchten Sie einen potenziellen Angriff in Ihre Systeme testen, um Schwachstellen zu identifizieren, können Sie Penetrationstester für dieses Thema beauftragen und werden dann auch verwendbare, dokumentierte Informationen erhalten.

Auditoren dürfen niemals selbst in Ihr System eingreifen.

ISO/IEC 27001 Anhang A.5.35 Unabhängige Überprüfung der Informationssicherheit

Ansonsten sollten Sie regelmäßig Interne Audits für Ihr ISMS einplanen und dafür kompetente und unabhängige Auditoren auswählen.

30 Benutzer-Accounts

Als ISB sollten Sie das Verfahren prüfen, über das IT-Zugänge übermittelt werden.

30.1 Praxisbeispiel: Umgang mit neuen FTP-Accounts

Bericht eines ISB im Seminar:

> *T34M-L34D: „Letzten Monat hat unsere Administratorin für ein neues IT-Projekt den FTP[28]-Server und die Zugänge eingerichtet.*
>
> *Danach hat sie in einer Tabelle alle Projektmitarbeiter eingetragen, dazu noch die Accountdaten und Passwörter im Klartext und Pfadangaben für die Ablage über FTP.*
>
> *Dann hat sie die Tabelle in unser Ticketsystem eingestellt und hat an alle Projektmitarbeiter, auch an die externen Mitarbeiter, eine E-Mail mit dem Pfad ins Ticketsystem geschickt.*

---

[28] FTP: file transfer account, Dateiübertragungsprotokoll, beispielsweise zur Übertragung von lokalen Dateien auf einen Server im Internet

Jeder Projektmitarbeiter konnte die gesamte Tabelle einsehen und kannte danach auch alle Zugänge.

Als einem Kollegen das etwas komisch vorkam, hat er ein neues Ticket erstellt mit dem Verweislink aus der E-Mail und im Support angefragt, ob diese Art der Account-Verteilung bei uns so gestattet ist.

Das neue Ticket war dann aber für wirklich alle Mitarbeiter, nicht nur für die Projektmitarbeiter, lesbar und jeder kannte die erstellten Accounts."

30.2 Ihre Aufgabe als ISB

Die Zuweisung und Verwaltung von Authentifizierungs-informationen sollte durch einen Verwaltungsprozess gesteuert werden.

ISO/IEC 27001 Anhang A.5.17 Information zur Authentifizierung

Ihre Aufgabe als ISB ist es, diesen Prozess zu überprüfen oder zu etablieren. Dazu gehört auch, dass Erst- und Systempasswörter sofort geändert werden müssen. Außerdem muss die Übertragung von Passwörtern vertraulich ablaufen. Die Passwörter sollten auch nicht im Klartext angezeigt oder mit Anderen geteilt werden.

Prüfen Sie, ob ein Passwort-Tresor bei Ihnen eingesetzt werden kann.

31 Ausplaudern von Betriebsinterna

Sie glauben gar nicht, wie viele Personen, in öffentlichen Verkehrsmitteln Betriebsinterna an Unbefugte weitergeben.

31.1 Praxisbeispiel: Zugfahrt mit Nestbeschmutzern

T34M-L34D: „Letzte Woche fuhr ich mit der Bahn zu einer Dienstreise. Neben mir saßen vier Personen, die sich über ihre Kollegin aufregten und dabei deren Namen immer wieder nannten.

Ich habe dann direkt im Zug ihren Namen im Xing[29] gesucht und einige Mitglieder gefunden. Als die Gruppe ausstieg, gab ich noch den Ort ein und fand ein passendes Xing-Mitglied.

Also bin ich danach auf deren Kontakte gegangen und habe die Frau gefunden, die über zwei Stunden über ihre Kollegin gemeckert hat.

---

[29] Soziales Medium für Angestellte und Selbstständige

31.2 Ihre Aufgabe als ISB

ISO/IEC 27001 Anhang A.5.34 Datenschutz und Schutz personenbezogener Daten

Sensibilisieren Sie Ihre Mitarbeiter und Mitarbeiterinnen, dass nirgends über Kollegen gesprochen werden darf. Nicht am Telefon und nicht in öffentlichen Verkehrsmitteln.

Lassen Sie vom Datenschutzbeauftragten eine Richtlinie erstellen, die vorgibt, dass die Privatsphäre aller Kollegen geschützt werden muss. Die Belegschaft sollte dazu eine Erklärung oder Vereinbarung unterschreiben.

32 Interkontinentaler Zeitstempel

Warum Uhren synchron laufen sollten, hat verschiedene Gründe. Bei Banken könnte es bei einem Transaktionsabbruch passieren, dass eine Geldüberweisung zweimal durchgeführt wird. Bei Datenbanken könnte es zu fehlerhaften Datensätzen kommen, wenn durch einen älteren Datensatz ein neuerer Datensatz überschrieben wird. Deshalb sollte die IT-Abteilung darauf achten, eine verlässliche Zeitquelle als Referenzuhr zu verwenden.

32.1 Praxisbeispiel: Schadensfall mit Zeitzonenunterschied

Eine ziemlich verrückte Geschichte hörte ich einmal von einem Versicherungsunternehmen.

T34M-L34D: „Wir hatten vor einige Wochen den
Fall, dass ein in Deutschland lebender Bürger
einen Versicherungsfall anzeigte.

Seinen Versicherungsvertrag hatte er erst am
Vortag abgeschlossen.

Und nun sollte unser Unternehmen ihm eine
hohe Versicherungssumme auszahlen.

Das kam uns etwas seltsam vor und wir prüften die Vertragseinzelheiten dieses Mal noch gründlicher als sonst.

Plötzlich fiel der Revision auf, dass der Vertrag in einer anderen Zeitzone geschlossen worden war. Somit war in Deutschland bereits der heutige Tag angebrochen, aber im Amerika noch nicht. Der Kunde hatte es quasi heute geschafft, einen Versicherungsvertrag zum gestrigen Tag abzuschließen.

Dadurch konnte unser Unternehmen beweisen, dass der Vertrag erst nach dem Schadensfall zustande gekommen war und wir mussten die Versicherungssummer nicht auszahlen."

32.2 Ihre Aufgabe als ISB

Das Thema Uhrensynchronisation wird im Bereich Netzwerktechnik umgesetzt.

ISO/IEC 27001 Anhang A.8.17 Uhrensynchronisation

Prüfen Sie, ob das Thema bei Ihren Netzwerken bekannt ist und ob eine Dokumentation, beispielsweise im Netzplan erfolgt ist.

33 Schlusswort

Eine der größten Sorgen von Informationssicherheitsbeauftragten ist regelmäßig das Zertifizierungsaudit.

Vor diesen Audits werden regelrechte Papierschlachten geführt, um dem Auditor alles recht zu machen.

Ihre Aufgabe ist es nicht, es einem Auditor recht zu machen, sondern, für Ihre Organisation die bestmöglichsten Prozesse bezüglich Informationssicherheit mitzugestalten.

Sie sehen, auch wenn Sie glauben, Ihr ISMS vollständig aufgebaut zu haben, erhalten Sie immer wieder Möglichkeiten, es zu verbessern.

ISO/IEC 27001 Kap. 10.2 Fortlaufende Verbesserung

Der Kampf geht also weiter.

In diesem Sinne wünsche ich Ihnen alles Gute für Ihre weitere Arbeit als ISB.

Quellen

Marginalien enthalten Titelnummern und Texte der Norm-Kapitel sowie der Ziele und Maßnahmen aus Anhang A der

DIN ISO/IEC 27001:2022, Beuth Verlag, 2022 und

ISO/IEC 27005:2011, Beuth Verlag, 2011

BSI IT-Grundschutz, www.bsi.bund.de, 2022

Die Autorin

Jacqueline Naumann ist studierte Informatikerin und trainiert Erwachsene seit vielen Jahren zur Informations-sicherheit. Im Jahr 2015 gründete sie das IT-Beratungsunternehmen iXactly in Dresden. Seit 2017 ist sie berufener Zertifizierungsauditor für ISO/IEC 27001 und wurde im Oktober 2020 vom BSI zum IT-Grundschutz-Berater zertifiziert.

Regelmäßig laden Organisationen Frau Naumann ein, um interne Sicherheitsprozesse zu überprüfen, zu verbessern oder zu zertifizieren.

Naumann hat bereits einige IT-Security-Bücher für Erwachsene und Kinder geschrieben.

Index

ISO/IEC 27001
ISO/IEC 27002
und IT-Grundschutz

Schnelleinstieg
Informationssicherheit
2022

DAS KLEINE DIGITALHIRNCHEN

Humorvolle Kindergedichte
zum Aufbau von
Medienkompetenz

für Kinder & Teenager